外国经济思想史研究丛书

发展与秩序

规范主义观点

FAZHAN YU ZHIXU
GUIFAN ZHUYI GUANDIAN

经济管理出版社
ECONOMY & MANAGEMENT PUBLISHING HOUSE

图书在版编目（CIP）数据

发展与秩序：规范主义观点/袁富华著 . —北京：经济管理出版社，2022.9
ISBN 978-7-5096-8701-7

Ⅰ.①发… Ⅱ.①袁… Ⅲ.①帕森斯（Parsons，Talcott 1902-1979）—社会学—研究
Ⅳ.①C91-097.12

中国版本图书馆 CIP 数据核字（2022）第 165127 号

组稿编辑：任爱清
责任编辑：任爱清
责任印制：黄章平
责任校对：董杉珊

出版发行：经济管理出版社
　　　　　（北京市海淀区北蜂窝 8 号中雅大厦 A 座 11 层　100038）
网　　址：www. E-mp. com. cn
电　　话：（010）51915602
印　　刷：北京晨旭印刷厂
经　　销：新华书店
开　　本：720mm×1000mm/16
印　　张：9.75
字　　数：170 千字
版　　次：2022 年 11 月第 1 版　　2022 年 11 月第 1 次印刷
书　　号：ISBN 978-7-5096-8701-7
定　　价：88.00 元

　　本书的出版得到中国社会科学院学科建设"登峰战略"计划、中国社会科学院当代中国马克思主义政治经济学创新智库的资助，特此感谢！

前　言

帕森斯的结构功能主义或规范功能主义是本书的理论起点。为了获得一个关于发展和秩序的综合认识，本书尝试着将帕森斯理论与福利国家理论及其他理论进行了整合，并将过程和联系的方法应用于"国家（政府）—市场（企业）—家庭（个体）"福利组合分析中。本书共分八章：第一章以历史时间串联起三大转型思想体系——波兰尼主义、调节主义和福利资本主义的分析，旨在揭示经济服务化的本质特征，即社会权利是深植于经济社会历史之中并成熟于当代条件之下的一种必然。第二章旨在澄清关于发展问题的一些模糊认识，主要就二十世纪五六十年代同时产生的发展主义理论和均衡社会理论做出比较分析。发展主义是现代化的一种过渡理念，而均衡社会则属于一种规范理念，且成为工业化后期发展可持续的内在要求。第三章基于共享同一知识体系的几个社会理论文本，对于当代集聚机制和均衡社会准则给出了一个理论分析。核心观点是：风险社会凸显了瞄向未来的社会治理方式的重要作用，从社会活力培育这一可持续发展角度来看，重塑社会价值规范与社会团结机制非常重要。第四章将公共领域的建设视为制度韧性的关键，主要论点包括稳定秩序需要具备的三个不可相互化约的前提：一是在经济领域中的功利主义追求，应当有助于提高效率；二是在社会领域中的价值规范追求，应当有助于维护公平；三是在公共领域中的商谈原则运用，应当有助于保障个人自主和社会权利。第五章立足于规范化理论对人的发展的社会权利及其规范内涵进行了比较分析。第六章和第七章是关于城市化时期制度互补与多目标动态平衡的分析，较多地关注中国经济社会发展的现实问题。第八章再次强调均衡社会理念之于中国未来可持续发展的作用。上述各章体现了过程与关系的规范主义分析方法，鉴于发展实践中经济系统、社会系统和政治系统之间的联系复杂性，本书的探讨只是初步的，对于书中存在的局限和不足，敬请读者批评指正。

袁富华

2022 年 4 月

目　录

第一章 嵌入、调节与治理：
历史时间与现代化路径

第一节 引言

对时间的再定义、对人的再定义连同相应经济社会转型，共同推动了现代化进程。社会分工深化所决定的技术分工演进，不断更新现代化的特征。其中，时间内涵的丰富与发展，始终作为发展过程中联系广泛的主线而存在，认识、规范和政策由此产生、变化，并进一步更新时间内容。"二战"期间及其后逐渐形成的资本主义转型理论，总体上围绕着历史时间内涵的认识深化展开，从机械原则到社会权利的规范变迁，代表着"人"的现代化的巨大飞跃。本章以历史时间串联起三大转型思想体系——波兰尼主义、调节主义和福利资本主义并进行分析，旨在突出经济服务化的本质特征，即社会权利是深植于经济社会历史之中并成熟于当代条件之下的一种必然。

立足于历史时间从抽象到具体的发展回溯理论，不仅有助于我们理解当代转型的关键环节，还有助于理解政策实践为何如此。卡尔·波兰尼（Karl Polanyi，2013）的实质主义及其基本理念如嵌入、双向运动和去商品化等，对后续转型理论产生了深远影响。特别是他对"人的经济"与"市场经济"的区分，启发了经济社会一体化过程与机制分析。波兰尼把制度、文化和社会保护赋予历史时间，与后来的转型理论比较起来仍处于较为抽象层次。调节主义理论围绕泰勒主义、福特主义和后福特主义这三个递进的劳动过程展开，把机械原则对人的控制和产出标准化纳入分析视野，重视劳资关系对资本主义生产模式的决定作用，并由此赋予历史时间更多工业化特征。福利国家理论以社会权利和"去商品化"

立基，针对传统福利制度问题及其转型方向进行探讨，在方法论上更加注重规范化的政策分析。

这些思想在 20 世纪下半叶得到普及。1986 年联合国大会通过的《发展权利宣言》将发展理解为参与、分享和包容的嵌入过程，强调人是发展的主体，发展目的是不断改善全体人民和所有个人福利。这种基于公平的理念，实际上是认同了社会权利在当代发展中的重要性。自党的十八大报告明确提出人民发展权利这个理念以来，《中共中央关于制度国民经济和社会发展第十四个五年规划和二〇三五年远景目标的建议》（以下简称"十四五"规划）进一步强调充分保障人民平等参与、平等发展的权利，这是我国适应经济新常态下结构条件变化的全新理论认识。继大规模工业之后，中国面临着经济社会的重大转型，核心问题就是如何实现公平和效率的再平衡，无疑，国外转型理论与福利国家建设经验有着重要的启发意义。

第二节　三大转型理论与发展模式变化

作为"二战"后具有重大影响的资本主义转型思想体系，波兰尼主义、法国调节主义与福利资本主义的共同理论内核，就是重视工资—劳动关系在塑造特定发展方式上的作用。波兰尼从劳动力"去商品化"角度，认识自由市场的脱嵌弊端以及经济嵌入社会的必要性，并由此启发了后来的不同理论范式。调节主义同意嵌入的重要性，其特色是立足于社会关系的决定性作用理解资本积累模式变迁，强调从整体论角度认识经济系统；福利国家理论也同意嵌入的重要性，且在吸收波兰尼"去商品化"思想的基础上，集中于福利的社会权利分析，由此深化了公平与效率这一理论主题。三大转型理论体系深化了人们对福利资本主义国家本质的认识，共同点是立足于劳动力的特殊性建立实质主义分析方法。尤其是在调节主义和福利国家理论那里，为了打开劳资关系这个内核，把劳资关系或工资关系置于分析的重心，对历史时间和发展动态问题进行了系统探索，极大地丰富了论题的内容和政策含义。下面将给出三大转型理论体系的比较说明，并据此导出我们的一些基本认识。

一、波兰尼与实质性分析

（一）实质性分析

波兰尼（Polanyi，1977）对"人的经济"与"市场经济"的区分，使揭示经济联系和演化过程中的一些实质问题成为可能。在批判新古典形式主义分析时，他给出了实质主义分析方法的一个说明，由此形成的一个重要判断是，把稀缺性作为经济内涵的唯一合法代表经不起推敲，社会科学应考虑经济过程中的时间与空间因素。经济的实质含义有以下四个：一是作为一种相互作用的制度化过程，经济满足物质需要，构成人类共同体的必不可少部分。二是实质经济包含两个层面：人类与其环境的相互作用，以及作用过程的制度化。三是相互作用的空间变化包括两类，典型的如运输和交易。四是相互作用的经济过程分叉、锁定、形成网络，包括各类生态的、技术的、社会的因素联系。这种认识包含了系统的制度分析思想，典型体现在其主要著作《巨变：当代政治与经济的起源》之中（波兰尼，2017）。结合实质主义分析方法，这里主要阐释对后世有重大影响相互联系的三个思想。

（二）双向运动

波兰尼对历史时间的理解，首先体现在"双向运动"这个概念的分析上。与后来的两个转型理论比较起来，仍然属于一种较高的抽象范畴，尽管这种抽象是立足于资本主义发展历史的实质分析。波兰尼认为，19 世纪二三十年代，随着自由放任三个教条——劳动力市场、金本位和自由贸易的确立，市场经济急剧扩展，凭借银行通货的创造，产生了前所未有的动力，并且给生产组织、自然环境和社会带来了威胁。为了对抗这种累积危险，自动的社会保护也内在地产生了。"双向运动"，即经济自由主义组织原则与社会保护原则的相互作用，并且，这种对抗自律市场的反潮流是自发产生的，由纯粹实用主义精神所激发，主要体现在各个历史时期立法对于劳动者的保护以及贫困救济。

（三）嵌入与"去商品化"

上述实质性定义中，把经济作为一种制度化过程看待，即经济是由一系列功能运动构成的，这些运动又被嵌入到制度或社会关系中，这是一种整合机制（戴尔，2016）。因此，嵌入概念是对双向运动的进一步分析，分散在《巨变：当代政治与经济的起源》部分章节之中，并赋予历史时间进一步的内容。按照波兰尼的说法，自由市场制度自身特殊的动机和规律，使市场经济只能在市场社会中发挥作用，即，不是经济嵌入到社会关系中，而是社会关系嵌入到经济系统中。这种因果倒置割裂了生产活动与社会组织的联系，破坏了以前存在的经济、自然和人的关系，造成了巨大社会混乱，而贫困问题不过是问题的一个方面。于是经济对社会再嵌入的要求产生了，波兰尼推荐的方案是：通过社会立法、工厂法、失业保险和工会的作用，干预劳动力市场供求法则，建立工资、工作条件的标准与规范，以保护劳动力这种特殊商品的基本人性。

（四）社会权利与政治经济学

要使再嵌入和"去商品化"得以实施，除了国家干预外，个人与群体对政治和社会活动的参与必不可少。波兰尼认为，权利与经济价值都是社会现实的基础，权利与合作就是确保达成群体生存所必需的一致性，其源头就是个人对自由的看法。从理论脉络来看，这种思想启发了 T. H. 马歇尔（Marshall, T. H. 1950）关于公民权——基本权利、政治权利和社会权利的认识，并在福利国家理论那里得到充分发展。社会保护立法与工人政治参与，遂成为自波兰尼以来福利资本主义分析的一条主线。

二、"软"波兰尼及其发展：调节主义和福利资本主义

研究者赞同两个波兰尼的区分："硬"波兰尼，即倡导社会主义混合经济，再分配机制而非市场机制主导经济；"软"波兰尼，即市场主导、协调经济，再分配作为制度补充。在"软"波兰尼中，双向运动用于缓和市场原教旨主义冲击，倡导有管制的资本主义，并成为社会民主主义的主流思想（Dale, 2010）。依据这种划分，本部分涉及的调节主义和福利国家理论，大致归属于"软"波兰尼一脉。

（一）调节主义——生产和积累模式分析

米歇尔·阿格利亚塔（Aglietta, M. 2015）在其经典论著《资本主义调节理论》的附录中写道：尽管波兰尼对前工业时代遗留下来的社会生活方式如何遭到资本主义重创的问题进行了令人钦佩的阐释，但是他无疑低估了由社会冲突产生的重建社会结构的能力——假使这些冲突可以摆在政治舞台上，由民主原则鼓励政治团体通过集体渠道表达共同利益诉求（Aglietta, M. 2015）。调节主义将资本主义视为特定劳资关系主导之下的商品经济，其发展和转型由各种各样的调节机构和机制组成，共同构成特定时期的积累制度。增长动力衰竭预示着一个不确定性、危机和变化的过渡时期，这种状况源于内在调节机制失灵。按照阿格利亚塔

的说法，调节主义理论的核心问题是资本主义积累及其转型，但是，社会关系的再生产对于积累模式的形成与发展起着决定作用。

1. 对历史时间内涵的丰富

不同于下文福利国家理论围绕社会权利对时间内涵的拓展，调节主义围绕福特主义工业化生产方式丰富历史时间内涵。调节主义的实质性分析方法有以下两个特色：第一，再生产是一个过程，是一种包含了内部转型的持续存在，转型意味着断裂和质变；第二，系统调节的视角，把层级概念及其构成关系——典型如社会分工、劳资关系等——纳入分析，突出了分析的历史性和制度性特征。具体来说，阿格利亚塔对时间的理解，体现在泰勒主义和福特主义这两个具体调节形式中，并把劳动过程和劳动关系的精彩分析呈现出来。

（1）泰勒主义基于机械化原则，对生产组织进行调节。在这个生产系统控制下，工人与劳动手段之间的关系发生了逆转，成为机器的附属物，通过把劳动能力转移到机器上，劳动也被简化为产出标准和重复活动，工作安排的所有修改都要体现这一原则。成熟时期的泰勒制采取工作团队的形式，劳动纪律和工作连续性的要求更加规范。

（2）福特主义坚持生产过程与消费模式相互衔接的原则，把技术分工与社会分工结合起来，是对泰勒制的超越。20世纪20年代半自动化生产装配线的产生，促进了生产的标准化、规模化和垂直一体化，彻底改变了资本主义历史和人们对于经济社会发展的认识。

2. 嵌入：技术分工服从于社会分工

调节概念要求将经济系统作为一个整体，分析"社会决定的"一般规律以及特定历史条件变化，这是一种嵌入观念。正如鲍勃·杰索普（Jessop, B. 1995）所评论的那样，调节主义的兴起，部分是在反对经济/超经济二分法的情景下产生的：一体化经济，即经济活动、组织、制度嵌入社会和社会调节。在调节主义那里，嵌入表现为社会关系对生产模式稳定及其转型的决定作用。福特主义的兴起在促进社会分层的同时，也把劳资关系之冲突、合作与妥协在积累进程中的核心作用凸显出来。由此，"去商品化"与双向运动被置于更加复杂的制度联系之中。就资本积累体制而言，互补性的四类制度结构形式如下：一是劳资关系。集体讨价还价保证名义工资的稳定，以维持大众消费模式的稳定。二是市场制度。大型企业组织之间的竞争推动生产条件变化，确保投资利润且将风险转嫁给社会整体。三是推动资本积累运转的货币系统。四是垄断资本主义国家，运用再分配、公共服务等保证资本主义扩大再生产顺畅运行①。上述四类制度形式彼此独立又相互联系，每个环节的失灵将会波及整体，累积性失调将导致积累模式转型。正如调节主义所关注的那样，20 世纪 60 年代中期滞涨的发生，逆转了劳动力再生产成本持续下降的趋势，动摇了福特主义根基，不得不转向劳资关系重塑以维持资本主义发展。

3. 第二代调节主义与资本主义模式多样性分析

针对调节主义的发展，一些批评者，如大卫·尼尔森（Neilson，D. 2012）指出，罗伯特·博耶（Robert Boyer）领导的第二代调节主义理论，偏离了传统调节理论的马克思主义分析方法，走向资本主义多样性的类型学分析，忽视了当代资本主义发展过程的收敛性。但是，这类批评失之偏颇。考虑到后福特主义时代全球化、经济服务化和老龄化加速带来的冲击，资本主义国家发展面临着更大的不确定性、风险和社会公平问题，增长路径分化和发展模式重塑自然成为理论关注点。正如罗伯特·博耶和伊夫·塞拉德（Boyer & Saillard，2002）所言，由于经济是嵌入社会和政治联系网络中的，不同国家、不同时期的调节模式是变化的，调节主义理论之威力，正在于分析资本主义积累模式的多样性。客观地说，第二代调节主义在多学科综合与国际经验基础上，在很大程度上深化了阶级妥协、调节反作用以及资本积累模式分析。关键是 20 世纪 90 年代以来福利国家理论带来了思想竞争，这种理论以其独特视角和现实意义，成为人们关注重心。

（二）福利主义——社会权利分析

尽管强调社会关系或劳资关系的决定作用，但是调节主义把分析重心集中于资本主义积累模式的发展调整上，理论呈现出各类制度的互补性及其相互作用，这种"宏大的"综合分析在第二代调节主义理论中更加突出。与此不同，福利国家理论集中于资本主义发展的社会权利领域，关注社会政策的调节作用。这可从古斯塔·艾斯平–安德森（Esping-Andersen，G. 1990）的一个认识中得到说明。他说：当代福利国家不只是工业发展过程中被动的副产品，制度化的福利国

① Aglietta（2015）著作中"General Conclusion"那一部分的论述。Boyer 和 Saillard（2002）将制度的结构形式归纳为五类，即上述四类加上国际分工，见其著作第五章"A Summary of Régulation Theory"。

Aglietta M. A. Theory of Capitalist Regulation：The US Experience ［M］. London and New York：Verso，2015.

Boyer R. ，Saillard Y. Regulation Theory ［M］. Translated by Carolyn Shread，New York：Routledge，2002.

家已成为一种强大社会性机制，对未来产生决定性影响。福利国家理论的形成和发展受到波兰尼"去商品化"、T. H. 马歇尔（T. H. Marshall）"社会权利"以及罗尔斯（2009）公平正义思想的影响①，在方法论上带有比较明显的生命历程分析色彩。

1. 社会权利与去商品化

调节主义依据制度结构形式之组合，对资本主义国家模式多样性进行分类，与之不同，福利国家理论依据社会权利原则考察模式多样性，强调政治力量而非经济力量的重要作用（Andersen, 2007）。对此，古斯塔·艾斯平-安德森的表述是：在福利国家这个集合体中，重要的不是社会支出水平，而是福利国家结构，国家、市场和家庭之间的制度安排决定了福利国家模式差别。去商品化体现在社会权利的实施中，其含义是在个人或家庭脱离市场力量的情况下，仍能维持可接受的生活水平的程度，这实际上涉及了公民社会权利与市场力量如何平衡的问题。作为维护社会秩序和社会凝聚的重要机制，三种理想型福利模式为：

（1）自由主义福利国家。承认市场阶层化后果的正当性，认为市场充分体现了努力、动机、技能以及自立等个人特质，福利提供上坚持有限的社会保障，对象是低收入个人和家庭，通过税收优惠等措施鼓励市场机制。

（2）保守的或社团主义福利国家。原则是地位认同、会员资格、互助主义，倾向于维持严格的阶层等级，权利附属于身份和地位。国家取代市场作为福利制度支持者，但不注重再分配效果。

（3）社会民主福利国家。坚持普遍主义原则，追求最大程度的平等而非最小需求的平等。普遍主义原则将地位、支付和权利平等化。

2. 对历史时间内涵的丰富

福利国家理论集中于对传统福利国家问题的反思和后工业化时期可持续发展路径的探讨。约翰·米尔斯和吉尔·奎达格诺（Myles & Quadagno, 2002）认为，

---

① 约翰·霍姆伍德（John Holmwood）对福利国家理论的三个思想源泉——卡尔·波兰尼（Karl Polanyi）、T. H. 马歇尔（T. H. Marshall）和阿尔瓦·米尔达（Alva Myrdal）（女权主义），给出了精彩评述。T. H. 马歇尔（T. H. Marshall）将公民权利看作包括基本权利、政治权利和社会权利的总体，社会权利的较之于前两项权利出现较晚，并在20世纪得到发展。

Holmwood J. Three Pillars of Welfare State Theory: T. H. Marshall, Karl Polanyi and Alva Myrdal in Defence of the National Welfare State [J]. European Journal of Social Theory, 2000, 3（1）: 23-50.

Marshall T. H. Citizenship and Social Class and Other Essays [M]. Cambridge: Cambridge University Press, 1950.

20世纪六七十年代的第一代福利国家理论研究者倡导工业主义理论，把公共支出上升的原因归结为老龄化、预期寿命提高、劳动市场风险等，由此引出国家应该在合作和稳定中的重要作用。这种解释的强理论版本认为经济力量是福利制度发展的决定力量，政治力量（如老龄化等）不重要。后工业化时期的资本主义，由于受到全球化、老龄化和经济服务化的冲击，其内在不稳定更加突出。因此，第二代福利国家理论不关注国家之间的福利收敛，而是关注福利国家各自的政策权衡与转型，福利组合方法有助于丰富时间内涵和政策内容①。针对国家—市场—家庭形成的关联框架和互动过程，古斯塔·艾斯平-安德森等在"新福利国家"的阐释中认为，不能把福利政策简化为就业，应当联系家庭结构转型与劳动市场结构转型看待问题，由于全球化、老龄化和经济服务化导致的新社会风险——如就业技能、低质量就业、职业生涯不稳定等，迫切要求社会经济政策做出调整，兼顾传统补偿性分配政策与积极就业政策平衡，这实际上要求把个体生命周期的各个阶段整合起来（Esping-Andersen et al.，2002）。由此，儿童照料、入学、升学、就业、家庭、老年照料等，构成社会学视角下的生命历程，从这个角度对历史时间的丰富，呈现给当代人们一种全新认识。

3. 一种关注政策实践的理论

时间内涵在当代的发展，不仅导致了研究方法的转型——即由主流传统中关于物的实体性知识、实证性分析，转向关于人和社会发展的规范性分析（韩东晖，2018），而且深化了人们对现代化的理解。例如，当代发达国家不再简单地把福利政策制定及其演化看成修修补补的技术性问题，而是将福利体制看作一种社会承诺，并根据经济服务化、家庭结构转型所带来的新风险，重构社会契约，在责权利与未来社会发展方面达成更加公平的契约。与其他理论相比，第二代福利国家理论更加注重现实，在对宏观政策效果的反思中进行总结与提炼。因此，这类规范性分析的特色是理论建设的开放性。这种开放性由全球化、老龄化和发展条件的转变形塑，问题的特定性及其政策响应成为理论关注的重点。福利国家模式多样性分析，也符合从宏大叙事向具体现实分析的转型趋势。

---

① 围绕福利组合分析形成了大量文献，彭华民（2006）给出了系统梳理。
彭华民．福利三角：一个社会政策分析的范式［J］．社会学研究，2016（4）：157-168+245.

第三节　时间、过程与调节

第一代调节主义和福利国家理论，与第二代理论所面临的历史背景发生了变化，也就是从福特主义工业化走向后福特主义工业化，调节机制因为这个条件变化而有本质的不同。特别地，随着 20 世纪 80 年代知识经济崛起以及经济服务化主导高端城市化这一态势形成，矛盾焦点转向如何以积极社会政策维持效率/福利的动态平衡。换句话说，原有国家—市场—家庭福利多元组合的良性循环被打破，发达国家之间因为再平衡这种组合而产生更深刻的路径分化。本章考察经济服务化过程的一些具体联系机制与治理方式。

一、全球化、老龄化与经济结构服务化的挑战

图 1-1 展现了自 20 世纪 60 年代以来，世界主要发达国家老龄化和经济结构服务化的变化趋势。发达国家经历的共同特征是，65 岁以上就业占比持续提升，从 60 年代的 10% 提升至 2010~2020 年的 20%；与此同时，服务业就业占比也持续提升，从 70 年代的 50% 提升至 2010~2020 年的 70% 以上。老龄化和经济结构

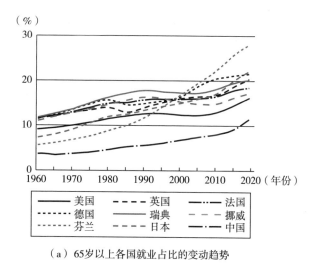

（a）65岁以上各国就业占比的变动趋势

图 1-1　65 岁以上各国就业占比和各国服务业就业占比的变动趋势

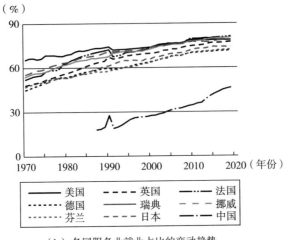

（b）各国服务业就业占比的变动趋势

图1-1　65岁以上各国就业占比和各国服务业就业占比的变动趋势（续）

注：图（a）数据来源为世界银行 WDI 数据库。图（b）1991 年以前数据来源为联合国 UNdata 数据库，1991 年以后数据来源为世界银行 WDI 数据库。

服务化成为发达国家转向后福特主义工业化过程中的普遍特征。与之相比，中国同样表现出类似趋势，只是与发达国家相比程度较轻。

面对知识经济新时代的风险和挑战，大卫·尼尔森（Neilson, D. 1998）提议的"新古典发展模型"代表了一类主张，倡导以华盛顿共识取代传统福特主义模式。原因是，在全球化条件下国际金融资本力量大有取代民族国家政府权力的趋势，在对抗与顺应自由主义的矛盾运动中，后者占上风，这是"收敛论"。另一类主张虽然也像大卫·尼尔森一样，认为后工业化时期资本主义矛盾源于其内在调节困境，但是转型过程中制度依赖的限制与稳定发展的需要，反而强化了福利资本主义国家分化与模式多样性，托本·艾弗森和安妮·雷恩（Iversen & Wren, 1998）关于"三难困境"的分析大致属于此类：围绕国家—市场—家庭三方平衡的窘境探讨问题。他们认为，全球化、老龄化和经济结构服务化的新趋势，打破了 20 世纪五六十年代福特主义高峰时期所形成的"收入平等—就业增长—财政约束"的三角良性循环，各国只能根据自身状况实施其中两个。结果，三类理想型福利模式在转型时期所采取的策略有三个：

（1）自由主义福利国家。面对"三难困境"时选择"就业增长—财政约束"，牺牲收入平等。坚持竞争与效率理念，认为市场能够最大化福利，强调积极参与劳动力市场的职业道德，由于政府干预扭曲资源配置，应把政府作用限制在保证公平竞争和市场秩序维护上。

（2）社会民主福利国家。面对"三难困境"时选择"收入平等—就业增长"，牺牲财政约束。这与其传统社会公平理念相一致，强调就业的集体认同和自我实现，认为国家有责任促进公平和职业道德。

（3）保守的或社团主义福利国家。面对"三难困境"时选择"收入平等—财政约束"，牺牲就业增长。在社团主义和基督民主思想中，家庭、社区和教会被视为抵抗市场非人性的堡垒，并反对国家干预力量侵蚀社团独立自由。这种理念认为社会存在等级和地位差别，但是反对市场不平等对社会秩序的威胁。自20世纪80年代以来，新自由主义浪潮的兴起，一度把收敛论引入福利资本主义转型改革实践中，但是随着其弊端——尤其是加剧收入不公平问题的显现，欧洲国家遂把眼光转向积极的、有活力的福利社会建设，如2000年制定的"里斯本战略""欧盟2020战略"等，一系列规划文本旨在探索知识经济时代效率提升和社会公平的新道路。与传统福利国家模式比较起来，这种转型道路更加注重未来导向的宏观政策和过程管理。

二、联系与过程

也可以这样说，在后工业化时期，资本主义福利国家更加注重新社会风险，并因此有别于注重短期结果管理的传统福利国家（袁富华，2020）。这种未来导向的思路与经济服务化所导致的"三难困境"有关（见图1-2），为应对未来潜在风险，生命历程理论被重新发现并在20世纪90年代后纳入发达国家政策视野。前文述及，后福特主义或后工业化时期资本主义国家的调整，源于传统福利制度内在冲突与不可持续。正如很多文献所述，那种建立在机械化和半自动化基础上的福特主义，作为特定历史时期自我维持的制度，有其内在一致性，特别是规模化大生产与大众消费的相互调适：

（1）一体化。在市场与家庭联系上，发达国家在这个历史时期中，资本快速积累的同时也推动了社会发展，主要原因在于机械化和标准化的规模生产方式，需要创造与其相适应的家庭消费模式。大众消费主要体现在基本生活品向耐用制造品的升级上，即洋房+小汽车。

（2）规范与调节。生产与劳资关系上，其一致性主题要体现在福特主义核心制度的建立完善——集体工资讨价还价。这种机制虽然基于行业或团体，但是总体上受控于资本积累规律，目的是维持生产消费的相互适应。这个时期完善了工业化的两个规范：一是资本家以利润分享换取工人遵守纪律，二是工人以集体生产合作换取工作稳定性与收入增长。

（3）风险管理。在国家的作用方面，大规模生产和大众消费循环的维持，均需要公共品提供，在20世纪50~70年代公共支出出现急剧扩大趋势，并在20世纪80年代达到高峰。高等教育发展和社会保障体系完善是发生在这个时期的标志性历史事件。20世纪70年代以后，私人成本和社会成本的增加从根本上破坏了福特主义积累体制的内在一致性，新的经济社会条件变化要求新的发展、新的治理模式。结合图1-2，以下两点值得探讨：

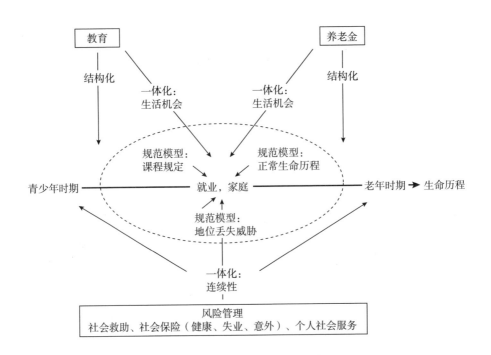

图1-2 福利国家的生命历程政策：福利多元组合模型的扩展

注：根据吉兰·T. 莫蒂默和迈克尔·J. 沙纳汉（Mortimer & Shanahan, 2003）整理。

（一）一体化、结构化和连续性

生命历程管理暗含的假设是效率与福利的动态平衡，与传统福利国家比较起来，更加强调经济对社会发展的嵌入。因此，这种框架虽然强调社会政策——生命的各个阶段更加紧密地社会化于发展过程中，家庭再生产环节的地位凸显；但是，不能把这种联系片面地理解为就社会政策而社会政策。总体来看，由生命周期和历史事件所构成的生命历程，大致包括以下三个内容：

（1）个体生命周期。儿童与青少年时期、家庭与就业时期、步入老年时期。

（2）个体通过一系列联系进入制度化和社会化过程，如幼儿看护、入学、工作、退休养老等。

（3）宏观政策保证社会经济过程的一体化、结构化和连续性。在发展可持续和风险分担的意义上，由国家统筹的代内、代际公平成为效率/福利动态平衡的重要支撑。

（二）规范、社会权利与契约修订

一体化与连续性需要三个制度环节予以保证：一是人生起点阶段的机会公平——即教育和就业的机会公平；二是就业安全与收入增长，包括家庭的社会救助、从业者的社会保险以及其他社会服务，从而有助于机会公平；三是保障老年生活水平。根据古斯塔·艾斯平-安德森等的论述以及发达国家政策实践，后工业化时期发展转型的连续性涉及社会契约的调整，新社会契约瞄向积极福利国家建设，从而更加重视机会公平和权利义务规范。

（1）公平正义原则。它渗透到社会各个方面，是转型时期积极福利国家凝聚力的前提，尤其是在欧洲资本主义国家受到尊重。罗尔斯对公平正义两原则做如下排序：第一原则即公民基本自由平等权利，优先于第二原则即差别原则与机会公平原则。第二原则是机会公平优先于效率。两个原则旨在保证发展过程中最小受惠者福利得到尽可能的改善，因此，在不伤及经济效率的条件下实现社会公平。福利资本主义国家对罗尔斯原则加以重视的原因，在于20世纪80年代以来新自由化和经济服务化引致的失业率上升、收入不平等和家庭贫困问题。从社会凝聚和可持续发展角度来看，可谓抓住了本质。

（2）规范。能满足公平正义原则的一系列制度，用于保证个体或团体承担分内职责，以便与其从公平原则获得的收益相匹配。在图1-2所示的生命历程框架中，规范贯穿于各个阶段且各类规范相互关联，保障一体化和连续性。可以认为，当公平正义原则成为社会主导，规范作为内在稳定机制自然有其重要性。对于这一点，福利国家转型文献中经常提及的问题是代际代内公平以及相应社会权利。这涉及积极福利国家的理性选择和综合规划。

（3）规划与合理化。随着传统福特主义瓦解，面对新的环境，原有国家、个体与企业三方契约也处于不断调整之中。为了缓解传统体制下的社会成本巨大压力，新契约论注入了更多个人责任内容。尽管有反对者认为自由主义福利国家对个体责任的过分强调属于"赢者"的声音，但是，国家提供的社会保障以其稳定性仍然应发挥主要作用（Offer，2009）。当然，这种说法有一个前提，即保证有一个坚实的税收基础，这个前提需要建立在生产性社会政策和未来导向的社会投资上。新契约关系一方面是为了调整劳动力市场结构，特别是通过延迟退休和调整保障制度以激励劳动市场参与；另一方面，国家在管理生命历程的任务加重了，经济服务化更加需要政策的前瞻性和综合性。

第四节　结论与引申：中国的城市化、现代化与转型问题

隐含在福利国家理论中的一个假设是：社会分工的深化决定技术分工。这可视为福利国家作为一种强大社会机制影响未来发展的理由。本质上，20世纪80年代以来发达资本主义国家的调节，也是在知识经济发展的背景下做出的，尽管同时面临全球化和老龄化的约束。从转型角度来看，中国面临着类似的约束问题，不过由于发展方式不同，产生一些更加值得探讨的理论问题。从现代化的角度来看，40年的大规模工业化主要围绕生产供给和效率展开，党的十九大报告强调促进社会公平正义，开始把代内代际公平与社会发展等新内容赋予现代化进程。"十四五"规划进一步明确现代化以满足人民生活需要为根本目的，体现了新发展格局对于社会政策和福利权利的重视，经济社会一体化理念因此非常清晰地纳入国家治理框架中。

一、转型背景

改革开放以来中国现代化进程中的两次转型，均是基于自身文化制度条件做出的调适。第一次是计划经济向社会主义市场经济的渐进式过渡，成就是经由工业化高增长，达到中等收入水平。2012年以来经济新常态的出现，其背景是经济服务化和老龄化，社会主要矛盾变为人民生活质量提高与不平衡不充分发展之间的矛盾，高质量发展成为内在要求，即从经济建设为中心转向经济社会综合平衡。对于两次转型，李文溥和焦建华（2020）关于中国宏观调控实践及其理论形

成的精彩梳理具有很大启发性。由于中国宏观调控涉及多元所有制改革、要素市场化等问题，因此应该从系统性角度理解宏观调控。笔者的判断是，尽管不同国家的宏观调控具有自己的特色，但是20世纪80年代以来新一轮经济全球化，使得传统调控政策效率大大降低，这也是困扰中国城市化转型阶段的难题。随着经济的不断进步，社会发展问题也受到重视，郁建兴和何子英（2010）总结中国调控问题时提出的一个灼见是，在发展主义理论影响下，中国一直比较注重经济政策。2002年，科学发展观与构建和谐社会目标的提出，标志着对社会政策探索的历史性跨越，"广覆盖、多层次、保基本、低水平"的社会政策体系初具规模，但这一体系的应急性、二元化和碎片化特征严重影响了发展的可持续性。为此，根据普遍性、制度统一性和系统性原则，加快构建发展型社会政策体系，是进一步推动经济社会发展的迫切要求。这些研究给予我们的思考启发是：大规模工业化之后，要想达成效率/福利的动态平衡，必须要继续深化社会分工。但是要做到新时代、新条件之下各个层面的有机统一，还需要在原则、合理化方面进一步探索。

二、失衡与调节问题的要点

（一）功利主义原则与公平正义原则

改革开放之初，受到特定经济社会条件限制，中国逐步走上依赖劳动力资源进行工业化的道路，人口红利构成高增长和资本积累的基础。为此，中国撷取了全球产业分工的低端，并因此具有了"准福特主义"工业化特质——重视积累轻视消费、重视经济发展轻视社会发展、重视国家对企业的作用忽视国家对家庭的作用。考虑到发展初始条件，这种功利主义原则的实践无可厚非，功利的正义性也因为以下三个有利条件得到支持：一是在从匮乏走向富裕的工业化过程中，存在广阔的消费品市场，市场前景确定、就业机会充裕、收入预期确定；二是在人口红利窗口时期，老年抚养比不高，代内代际问题不突出，公平的正义还不是主要问题；三是低水平消费模式也与低质量大规模生产一致。这个时期，较低的私人成本和社会成本均形成对高增长、高积累的支持，这是中国工业化的特殊之处，不同于"二战"后的福利资本主义国家。但是，从时间和效率观点来看，由于缺乏劳资关系的弹性调节，这种机械原则主导下的积累模式，最终会导致低质量经济与低质量社会的因果累积。相比较而言，城市化具有自身特殊的规律：经济服务化、老龄化对就业和收入安全提出更高要求，代内代际公平的正义将替代功利原则；消费结构升级成为生产结构升级的必要条件，或者说人力资本升级成为城市化可持续的基础；不同于工业化时期机械原则对人的控制，城市化在本质上属于人的发展和社会发展范畴，个体有着更加清晰的生活质量期望和福利权利追求。

（二）合理化及其问题

立足于生命历程这种新的历史时间观念统筹经济社会发展，已经在新发展理念中得到体现，"十四五"规划开辟专章对包括儿童福利、青少年教育、技能培训、养老保障等进行规划部署，对社会政策的重视可谓前所未有。但是，由于这种综合治理理念引入较晚，有关认识还有诸多尚待探讨完善之处。以下三点值得重视：

（1）在人力资本积累方面。中心外围理论在社会学中的一种观点认为，在参与全球化分工过程中，外围国家通常是根据国际市场需求而非国内需求或国内技术创新要求进行加工生产。由于生产过程是从中心国家移植而来，外围国家社会文化体系建设也通常以推动加工生产为目的。为此，大学教育变成训练技术工人的学校，而非真正意义上的大学（Henry，1986）。现实中，中国工业化对国外技术的过度依赖，使教育、培训偏向于追求短平快的技术提供，抑制了创新潜力，形成中低层次人力资本主导发展的格局，这是一种"低技能—低质量"的循环累积，已经不适合知识经济时代城市化的需要。

（2）在社会支出方面。不同于发达国家生产/消费协同的工业化道路，中国走的是高积累、低消费路子，不仅家庭消费支出偏低，公共服务支出或社会成本也较低。这种低成本工业化模式建立在过剩劳动力基础上，经济高速增长的代价是社会发展滞后。最终，高积累、低成本的工业化模式削弱了社会支出和社会投资能力，结果就是发展中国家经常出现的碎片化问题——碎片化的加工制造生产，导致碎片化的社会发展，并成为城市化进一步发展的阻碍。

（3）在劳动力市场与劳资关系方面。这一政策领域在工业化时期也是为了适应加工制造而建立起来的，身份和户籍造成了市场分割，处于外部竞争市场中的劳资关系缺乏规范与监督。福特主义制度最卓越的贡献，是建立了有利于资本积累和社会发展的劳资关系，实际上，"二战"后所有发达国家均根据自身文化和制度条件，建立了缓解社会冲突、增强社会和谐的劳资关系。后福特主义转型的核心是针对劳资关系的重新修订。国际经验表明，保障社会权利以调动人的创造性，是经济服务化时代国家治理的重要任务。

（三）规范为什么重要

从生命历程角度来看，经济服务化和城市化可持续问题，归根到底是社会权利问题，因此也是社会规范的建立与完善问题，这是人的发展的要义。消除转型时期经济领域的失衡，不是单纯的技术进步能够解决的。在经济服务化和城市化的大背景下，内需主导之所以重要，原因在于消费结构升级直接与人力资本升级和知识经济发展相联系，而服务业优化升级又与产业国际竞争力相联系，社会政策重要性由此得到体现。因此，经济发展嵌入社会发展，并经由经济制度与社会制度的互补提供报酬递增机会，成为城市化时期的规范的重要议题，制度建设也因此成为中国深化改革的突破口。

三、一体化与治理

中国城市化转型时期的一体化，有以下四点值得讨论：

（1）要认识到社会政策在经济社会一体化中的重要作用。以社会发展推动经济社会一体化进程，统筹经济政策和社会政策，有助于推动政策制定的前瞻性、系统性、科学性。长远来看，这是缓解经济政策效率低下的可行办法。根据发达国家经验，城市化的特征是福利社会，相应地，公平正义原则也应得到尊重。工业化的效率原则有助于解决绝对贫困问题（为了生存不得不付出努力的"惩罚问题"），但是当经济步入中等收入阶段之后，为了防止不公平对社会凝聚力的破坏，就需要引入社会政策激励（有理由、有责任或应该付出努力的"说服问题"）。

（2）制度规范的承诺或者"说服"在转型时期的重要性，在于给社会发展过程中注入新的内涵。从工业化对机器效率的发现、工业化把"人"约简为劳动力和产出标准，到社会理论把"劳动时间"还原为"人"且被赋予社会权利，是"二战"以来现代化所取得的重大历史进步。资本主义历次重大转型的核心动力，就是立足于制度创造对社会权利内容进行丰富。虽然规范和承诺的目的仍是为了改进生产率这一人类生存基础，但是隐含在"说服"之下的合作和社会凝聚潜力，一直被培育和挖掘。这种历史经验对于中国转型问题的思考，或许有重要启发意义。

（3）在人的发展及其联系上，劳资关系与社会保障是两大支撑，前者与私人成本收益有关，后者与社会成本收益有关。随着福特主义兴起及其转型，发达国家在这两大制度领域均建立了比较完善的框架。比较起来，中国在两大领域有待完善的环节仍然很多。面对全球化、经济服务化和人口老龄化所带来的新风险，传统的碎片化的治理措施不再有效，如何在关乎效率/福利平衡的两大领域有所作为，只能在实践和经验借鉴中探索。

（4）在经济服务化和消费主导的发展中，创新不再是或者不主要是单纯的技术问题。在社会权利和人的发展理念下，创新正在变成一个制度和社会问题，由教育、企业和政府构成的国家创新体系的概念，大致与城市化下创新概念等价。

参考文献

［1］Polanyi, K. The Livelihood of Man ［M］. New York, San Francisco and London：Academic Press, 1977.

［2］［英］卡尔·波兰尼. 巨变：当代政治与经济的起源 ［M］. 黄树民，译. 北京：社会科学文献出版社，2013.

［3］［英］加雷斯·戴尔，卡尔·波兰尼. 市场的限度 ［M］. 焦兵，译. 北京：中国社会科学出版社，2016.

［4］Marshall, T. H. Citizenship and Social Class and Other Essays ［M］. Cambridge：Cambridge University Press, 1950.

［5］Dale, G. Social Democracy, Embeddedness and Decommodification：On the Conceptual Innovations and Intellectual Affiliations of Karl Polanyi ［J］. New Political Economy, 2010, 15 (3)：369-393.

［6］Aglietta, M. A Theory of Capitalist Regulation：The US Experience ［M］. England：Verso, 2015.

［7］Jessop, B. The Regulation Approach, Governance and Post-Fordism：Alternative Perspective on Economic and Political Change ［J］. Economic and Society, 1995, 24 (3)：307-333.

［8］Neilson, D. Remaking The Connections：Marxism and the French Regulation School ［J］. Review of Radical Political Economics, 2012, 44 (2)：160-177.

［9］Boyer, R., Saillard Y. Regulation Theory ［M］. Translated by Carolyn Shread, New York：Routledge, 2002.

［10］Esping-Andersen, G. Three Worlds of Welfare Capitalism ［M］. Princeton：Princeton University Press, 1990.

［11］［美］约翰·罗尔斯. 正义论［M］. 何怀宏，何包钢，廖申白，译. 北京：中国社会科学出版社，2009.

［12］Holmwood, J. Three Pillars of Welfare State Theory：T. H. Marshall, Karl Polanyi and Alva Myrdal in Defence of The National Welfare State［J］. European Journal of Social Theory, 2000, 3（1）：23-50.

［13］Andersen, J. G. Welfare States and Welfare State Theory［R］. Centre for Comparative Welfare Studies（CCWS），2007.

［14］Myles, J., J. Quadagno. Political Theories of the Welfare State［J］. Social Service Review, 2002, 76（1）：34-57.

［15］彭华民. 福利三角：一个社会政策分析的范式［J］. 社会学研究，2006（4）：157-168+245.

［16］Esping-Andersen, G., D. Gallie, A. Hemerijck, J. Myles, Why We Need A New Welfare State［J］. Oxford：Oxford University Press, 2002.

［17］韩东晖. 人是规范性的动物———一种规范性哲学的说明［J］. 中国人民大学学报，2018（5）：2-8.

［18］Iversen T., Wren A. Equality, Employment and Budgetary Restraint：The Trilemma of The Service Economy［J］. World Politics, 1998（50）：507-546.

［19］Mortimer J. T., Shanahan M. J. Handbook of The Life Course［M］. New York：Springer, 2003.

［20］袁富华. 资本积累、社会支出与社会投资：再析多目标动态平衡［J］. 云梦学刊，2020（5）：34-42.

［21］Offer A. The Economy of Obligation：Contract Ambiguity and the Welfare State［R］. Avner. Offer@ all-souls. ox. ac. uk, 2009.

［22］李文溥，焦建华. 从茫然、应然到实然———论宏观经济调控的形成［J］. 厦门大学学报（哲学社会科学版），2020（4）：22-38.

［23］郁建兴，何子英. 走向社会政策时代：从发展主义到发展型社会政策体系建设［J］. 社会科学，2010（7）：19-26+187-188.

［24］Henry P. Indigenous Religion and The Transformation of Peripheral Society［M］//Hadden J K, Shupe A. Prophetic Religion and Politics. New York：Paragon House, 1986.

第二章 从发展主义到均衡社会：兼析中国式现代化的规范取向

第一节 引言

本章旨在澄清关于发展问题的一些模糊认识。具体体现在以下四个方面：一是作为 20 世纪最重要的理念之一，发展主义产生于"二战"后新兴工业化国家现代化要求，传统发展主义的目标是实现持续快速增长，倾向于社会整体联系中的效率方面，这种合理性由不发达的初始条件所决定，尽快突破贫困陷阱并进入工业化成熟阶段是其内在要求。因此，发展主义是现代化的一种过渡理念。二是对社会发展的重视以及效率/福利动态平衡，属于均衡社会的规范理念，并成为工业化后期发展可持续的内在要求。均衡社会有各种称呼——新发展观、规范社会、平等社会或福利社会等，典型特征是重视人的发展，社会价值的引入也被经典社会理论视为均衡的主要标志。因此，均衡的含义是在内稳态和发生学结构主义意义上理解的，不是通常的机械均衡含义。三是在国家/市场关系上，新老发展主义关注"嵌入自主"国家的重要性，即国家嵌入社会而不是相互分离或相互对立；在均衡社会中，"嵌入自主"体现在国家—市场—家庭的福利组合以及各种不同的福利国家模式之中。因此，应该在总体的、综合的角度上理解国家作用。四是现代化的线性趋势与现代化的模式多样性是相互结合的。即特定国家现代化所遵循的一般发展规律，体现在其具体、特殊道路之中。特殊性是由文化、制度、意识形态等社会价值塑造，提供了现代化模式的根本支撑。进入 21 世纪以来，随着全面建设小康社会的目标达成以及共同富裕这个更高目标的提出，中国现代化已经突破传统发展主义框架，在更加综合、平衡的发展理念下朝向发达阶段迈进，因此，理解均衡社会的本质及其路径就显得非常重要。

第二节　发展主义：工业化探索的理论遗产

一、作为现代化理论重要分支的发展主义理念

"二战"后现代化道路的探索沿着两条泾渭分明的主线展开：一条是后发国家摆脱贫困恶性循环、实现工业化的发展主义理念，与之对应的是发展型国家建设；另一条是发达国家缓和工业化风险、维持均衡发展的规范主义理念，与之对应的是资本主义福利国家建设。两种探索均在 20 世纪五六十年代盛极一时，其后，针对后发国家片面追求经济增长所带来的失衡，新发展主义开始关注一体化问题，经济社会均衡协调逐步纳入发展实践。鉴于国际分工"中心—外围"格局的客观存在，后发国家将工业化追赶作为战略目标是毋庸置疑的，因此，理论和实践上选取发达国家作为参照有其合理性，这也是欧美学者热衷于推荐线性现代化机制的重要原因。现代化的线性成长、线性发生或线性演进理念，广泛分布在经济、历史、社会、政治等学科领域，如帕森斯（1951）结构功能主义的传统/现代二分法，将美国视为社会进步的唯一范本；罗斯托（1960）的经济增长阶段理论，赞同所有成熟社会向美国生活风格收敛[①]；日本产业雁阵理论，不仅关注效率这个核心的线性升级动力，而且关注产业结构合理化。实际上，线性升级属于发生学结构主义的范畴，尽管发展涉及多种经济社会因素，但是从发生发展次序这个角度考虑，工业化初期优先关注经济增长符合事物发展规律。

反对现代化线性演化的声音，最早来自研究拉美发展经验的学者，特别是与上述线性现代化理论几乎同时产生的拉美学派。拉美学派聚焦于现实问题的特殊

---

①　见 Parsons（1951/1991，ⅹⅲ-**ⅹⅹⅹ**），Rostow（1960：86-87）。需要说明的是，20 世纪五六十年代发展主义极盛时期的比较政治学，也产生了对经济学和社会学影响很大的一些命题，典型如李普塞特的著名命题"发展带来民主"，围绕这个线性思路的争论深化了后续民主/发展关系的探讨，且在本章参引的发展主义"国家中心论"中多有体现。比较政治学中的发展主义文献，具体参见曾毅（2011）的精彩综述。

Parsons T. The Social System［M］. London：Routledge，1951/1991：ⅹⅲ-**ⅹⅹⅹ**.

Rostow W. W. The Stages of Economic Growth：A Non-Communist Manifesto［M］. Cambridge：Cambridge University Press，1960：86-87.

曾毅. 比较政治学研究中的发展主义路径［J］. 社会科学研究，2011（1）.

性以及克服发展障碍的急迫性，因此不太关注线性现代化的遥远图景。这里，我们可以看到 Prebisch（1970）的经典定义：发展主义可以解释为相信不需要大的变革就能加速当前的发展步伐，并确信社会不平等将会在发展的强大动力中逐步消除，重要的是发展①。理论上，拉美发展主义试图从一种综合的战略角度，给出动员经济社会潜力的建议，重视生产性活动或工业发展在减少贫困方面的作用，主张兼顾资本积累与就业吸收，以此促进国民收入、需求、社会公平的改善。与此类似，基于商业资本主义至产业资本主义，再至金融资本主义这个更加广阔的历史视角，Reinert（2010）提供了如下认识：与新古典主义或新自由主义理想模型不同，发展主义把次优的国民生产结构作为其认识问题的核心，为此，促进技术升级、规模经济、结构多样化和可持续发展的积极政策必不可少，国家或政府的作用因此成为发展主义的一部分。概言之，发展主义旨在运用国家在规划和政策方面的积极作用，动员社会资源以突破贫困恶性循环，直至最终实现工业化。

二、现代化模式的多样性

应当客观地认识线性现代化路径，它假定克服了潜在障碍之后，发展过程表现出来某种持续的、普遍的成长规律；同时，也应当客观评价非线性现代化路径，它假定发达国家与不发达国家均具有各自的制度特殊性，发展过程表现出来多样性。因此，即使是作为追赶标杆的发达国家，其现代化一般包含收敛与多样性这两个方面的含义：一是工业化的技术、经济结构的发生次序，是作为一般的、普遍的现代化趋势存在的，标示着后发国家经济追赶方向，尽管追赶过程中可能发生个别产业超过发达国家的弯道超车现象。这是由生产技术规律决定的，也是在发展理论中得到普遍承认的。二是对于线性现代化理论的最大争议，来自资本积累制度以及与此相关的社会文化价值模式，非线性观点认为这与各国（包括发达国家和不发达国家）历史、文化和制度的路径依赖相关，"美国主义"的现代化模式不具有普适性。这是由社会价值的多样性和特殊性决定的，多样的现代化模式也主要由这种因素促成的。

对于这两点，这里提供三点补充说明。一是生产技术上的线性演化直至较高发展阶段上的效率和消费水平的收敛假设。按照 Rose 和 Shiratori（1986）的说法就是②：

---

① 高君成. 评拉美发展主义的经济理论及其实践 [J]. 拉丁美洲丛刊, 1985 (2).

② Rose R. , Shiratori R. The Welfare State East and West [M] . Oxford: Oxford University Press, 1986: 4-10.

我们处于一个人们期望相差不大的世界，无论是你生活在欧洲，还是生活在日本抑或是美国，对诸如健康、教育、高收入等"好东西"的向往心理是普遍的。这种社会需求可看作是现代化过程收敛可能性的深层动力。实际上，罗斯托在其"传统社会、外生力量推动的社会变化、稳定增长的起飞、工业化成熟、大众高消费社会"五阶段理论中，需求与供给相互推动一直是他关注的重心，尽管进入高消费阶段之后，福利国家建设问题更加受到重视。二是东亚追赶经验为线性发展和收敛假设提供了佐证，典型如日本产业雁阵理论。按照 Ozawa（2005）的论述[①]，日本用了40年的压缩时间，走完了通向发达国家的所有工业化阶梯，通过观察英国霸权主导的工业化和美国主导的工业化，绘制了自己的飞翔地图，开发了自己的飞翔工具（技术和市场），开拓了自己的发展愿景。这个清晰的线性升级路径是：劳动驱动—规模驱动—装配线驱动—研发驱动—IT 驱动。实际上，早在 20 世纪 60 年代，日本就开始自觉植入知识创新的内生动力，家电的自主研发成为创新和可持续增长的弹射器。三是现代化模式多样性理论，要归功于调节主义与福利国家理论在历史、制度和规范方面做出的系统分析（袁富华、李兆辰，2021）。与传统发展理论中普遍关注的技术决定论或经济决定论不同，第一代调节主义对于资本主义积累体制中的社会决定因素给出了系统分析，恰是这种研究视角的转换，为文化、制度差异所导致的模式多样性分析开启了大门。在此基础上，第二代调节主义针对金融体制、劳资关系、市场竞争体制、国家体制、国际关系之不同组合所决定的总体积累体制在各国的差异，给出了更加具体而深入的分析。20 世纪 90 年代以来的福利国家理论，把分析重点放在社会学和政治学的交叉点上，更加注重由各国社会文化价值规范差异和社会权利构造方式差异所决定的现代化模式的多样性，并将效率改进隐含在福利国家体制建设和调整之中[②]。

受到制度依赖的影响，在后发国家现代化呈现出来的模式多样性中，有一类特殊的非线性——"中等收入陷阱"，这个术语是在比较东亚、拉美等地区工业化经验的基础上提出的，并把拉美作为没能成功摆脱中等收入陷阱的样本，原因在于发展过程中缺乏东亚那样的规模经济。与 Prebisch（1970）不同的地方在

① Ozawa T. Institutions, Industrial Upgrading, and Economic Performance in Japan：The "Flying-Geese" Paradigm of Catch-up Growth ［M］. Cheltenham and MA：Edward Elgar, 2005：139.

② 调节主义和福利国家理论源于发达国家的发展实践，并在 20 世纪 90 年代之后拓展至后发国家分析。对于"二战"后发达国家的现代化总体趋势，Bresser-Pereira（2017）将其称为"社会—发展型资本主义"，这个术语也注重发达国家的社会发展内涵。但是，按照规范主义理论传统，称为均衡社会似乎更为妥当，具体分析参见下文。

于，Gill 和 Kharas（2007）在这个术语中强调由创新、规模经济所引致的激进变化的重要性，这一点上与 Ozawa（2005）的认识相同。需要注意的是，中等收入陷阱产生的原因，在于拉美有其历史特殊性，特别是土地所有权过度集中所引致的一系列不可持续问题，对此，Kay（1989）、维克托·布尔默-托马斯（2000）分别从拉美思想史、经济史角度给出了精彩分析，在此不再赘述。

三、国家的嵌入自主性

与发展主义概念相对应的是发展型国家概念，后者包含了一个重要含义，即如何认识国家或政府在现代化过程中的作用。相关文献倾向于把发展型国家概念的首次提出，回溯至约翰逊对日本工业化历程的经验考察和理论归纳，包括四个要素[①]：①一个小而精干的官僚队伍；②一套提高官僚体系治理效能的政治制度；③顺应市场经济规律的国家干预方式；④一个具备规划和综合协调能力的导航机构，如通产省[②]。实际上，东亚国家的快速工业化和稳定发展，为重新认识国家与社会的关系提供了新的经验，工业化过程中国家的主导作用也被这种成功实践所支持，具体体现在以下两个方面：

（1）约翰逊使用"绝对优先权"（First Priority）这一术语，强调发展过程中国家作为变革权威的作用，发展型国家的权威之源不是韦伯意义上的传统型权威或理性合法型权威或魅力型权威，而是致力于社会、政治、经济秩序转型的权威。概言之，权威的合法性来源于国家发展目标的成就，而不是拥有权力的途径（Johnson，1999）。

（2）相比较而言，在国家之于发展的主导作用方面，本章更加倾向于"嵌入自主的国家"理论（Evans，1992；Evans & Stephens，1988）。实际上，这个理论是对韦伯"自主"的官僚体制思想的修正，"嵌入的自主"主张政府作为一种组织，只能存在于社会网络之中，一系列网络联系把国家与社会结合在一起，为公共目标、发展政策的持续协商提供制度渠道。

国家的嵌入自主性首先旨在明晰具有预见性、高效能的官僚机构的重要作

---

① 查默斯·约翰逊. 通产省与日本奇迹：产业政策的成长（1925-1975）［M］. 金毅，等译. 长春：吉林出版集团有限责任公司，2010：18-19，351-357.

② Bresser-Pereira（2017）认为，巴西学者在 20 世纪 60 年代就开始使用发展主义概念了。

Bresser-Pereira L. C. The Two Forms of Capitalism：Developmentalism and Economic Liberalism［J］. Brazilian Journal of Political Economy，2017，37（4）.

用，特别是关注发展而非发达这一特殊状态中的国家作用，正如 Evans（1992）在综述早期发展理论——如格申克龙、赫希曼的观点时所指出的那样①：后发国家所需技术、资本超出私人在市场上的积累能力，需要国家动员全社会资源。为此，国家可以积极参与、组织市场活动的一些关键方面，如通过先行资本和投资决策，克服发展瓶颈、分担风险、培育企业家精神。其次，国家的嵌入自主这一概念中，嵌入具有重要性，这是相对于拉美国家普遍存在的威权主义后果而言的。这方面，米格代尔（2013）有过非常有见地的分析②：拉美研究的相关文献强调国家的威权主义性质，国家并不只是通过与利益集团协商来保持社会和平，也不是简单地对其授权或将其整合到政策制定机构以保证稳定的工业调整。拉美政权组建甚至重塑利益群体，并在经济增长中维护陈腐的精英统治体系，因此，这些国家中人民利益和政治参与被压缩、分配需求被忽视，只有经济增长的最大化和迅速的工业化被优先考虑。最后，正如 Reinert（2010）所说的那样，发展型国家只是过渡，因此，为了推动现代化向更高阶段升级演化，政府机构的功能、干预的内容以及政策目标，必然随着发展阶段的变化而做出相应的调整。或者更加明晰地说，不仅是经济与社会结构在一个持续的现代化追赶过程中表现出向高级形态的收敛性，国家治理体制也在不断合理化，并呈现出 Johnson（1999）所谓从发展型国家向规范国家、平等国家、福利国家的演进。后发国家在工业化后期这种高度现代化的均衡取向，正是下文分析的内容。

第三节　均衡社会：经济社会一体化

一、新发展主义

用社会决定论矫正技术决定论所造成的偏差，追求经济与社会发展协调。发展主义理论通常引用东亚成功经验和拉美失败经验进行对比，并将后者作为由于

① Haggard S. , Kaufman R. R. The Politics of Economic Adjustment［M］//Evans P. The State as Problem and Solution：Predation, Embedded Autonomy, and Structural Change. Princeton University Press, 1992：138-181.

② 乔尔·S·米格代尔. 社会中的国家［M］. 李杨，郭一聪，译. 南京：江苏人民出版社，2013：211-213.

长期忽视社会发展而最终导致经济坠入"中等收入陷阱"的典型案例。在其关于拉美经济历史和拉美经济思想史的系统研究中，江时学（1996）指出拉美发展主义的主要问题，在于片面追求经济增长而未能或者无力进行制度变革，片面追求资本密集技术而忽视劳动力的利用，片面追求经济效率而无力纠正收入分配不公平，最终导致宏观不稳定①。对于这种现象，法国学者弗朗索瓦·佩鲁（1987）② 有一个指称——"无发展的增长"：即经济活动集中于外国公司的分支机构和重大的公共事业，且未产生全国范围效果，发展利益分布不平衡，由此引发不同阶层或群体的冲突。因此，在工业化快速增长时期，受到各种因素制约，后发国家不像发达国家所做的那样，在制度能够承受的范围内，以社会保障或一般转移支付的形式，在国家层次上建立完善的安全和团结网络。

实际上，发展实践中偏向于经济增长和技术决定的普遍做法及其不可持续后果，早在 20 世纪 80 年代便已被不少人觉察到。根据联合国教科文组织 1979 年基多会议精神，佩鲁系统阐释了一种新发展主义：即具体体现在以下三个方面总体的、内生的、综合的发展观。这种观念继承了传统发展理论中的经济社会协调推进的合理思想，但是更加明确倡议把发展建立在"以人为中心"的基础上：

（1）嵌入性的总体发展。市场是为人而设置的，而不是相反的；工业属于世界，而不是世界属于工业，如果资源分配和劳动产品需要一个合法基础的话，即使在经济学方面，也应依据"以人为中心"。

（2）多样性的内生发展。各种文化价值在经济增长中起着根本作用，经济增长不过是手段而已，文化价值是抑制或加速增长的动机基础，并且决定着增长作为一种目标的合理性。各国应注重自己的文化价值体系，探索自己的道路，反对经济主义、反对普世文化。

（3）协调性的综合发展。发展中国家的政府任务是：使全体居民自觉按照自己的价值标准来生活，提高社会凝聚力；改进和加强各种组织机构，提高政府效能；建立先进市场体系。

以人为中心的新发展主义，以及总体性、内生性和综合性理念指导下现代化模式多样性的探索，自 20 世纪 80 年代以来越来越多地体现在发展中国家的政策和实践之中。典型如作为发展主义和新发展主义理念的发源地，巴西在 1988 年

① 江时学．拉美发展模式研究［M］．北京：经济管理出版社，1996：262-281．

② ［法］弗朗索瓦·佩鲁．新发展观［M］．张宁，丰子义，译．北京：华夏出版社，1987：15，91．

联邦宪法中做出建设福利国家的政治承诺，实质性的社会发展进程由此启动，这种努力尽管在其后的自由化浪潮中受到抵制，但是以欧洲社会福利模式为榜样而非以美国自由模式为样本，注重"社会保护和社会对话"建设的努力依然存在（Cerqueira，2012）。与此同时，正如新发展主义的积极倡导者 Bresser-Pereira（2017）所建议的那样：应当重新认识国家在增长、稳定与联合方面的积极作用，发达国家"二战"后黄金时代"社会—发展型资本主义"是更好的平衡形式，规范、公正、协调是国家积极追求的目标。

二、资本主义黄金时代经济社会均衡

"社会—发展型资本主义"这一术语把我们引向现代化探索的另一条道路，即"二战"后发达国家的福利制度建设。它与后发国家的发展主义有着两个方面的本质不同：一是理论上更加重视运用社会价值或人的发展，矫正技术决定论或经济主义导致的发展失衡；二是实践上更加重视社会权利规范及其完善，20世纪50~70年代见证了发达国家公共服务支出的快速拉升以及社会保障体系的成熟。这种平衡由福特主义工业化的投资—消费良性循环提供，按照这个时期声誉荣隆的结构功能主义或规范功能主义的思想，发达国家"社会—发展型资本主义"更宜称为"均衡社会"。

法国调节主义学派用了两代人的努力，对发达资本主义的转型机制和模式多样化成因给出了最为直观、精致的解读①。不同于新古典均衡研究方法及其经济决定论，第一代法国调节主义集中于分析社会结构再生产对于积累过程影响，带有鲜明的整体论和社会决定论色彩。这种理论将制度互补性作为研究的根本任务，据此理解资本主义现代化过程及其转型。为此设置的具有重大理论启发性的问题，如：什么力量推动了社会系统变革且保证其长期凝聚力？这种具有凝聚力的形态和条件是演化的吗？资本主义发展阶段如何识别、资本主义危机如何解释？回答是：第一代调节主义把劳资关系之于资本主义积累体制及其转型的决定作用作为研究焦点，将福特主义这种大规模生产组织原则视为生产方式的飞跃，第一次深入到劳资关系内部分析资本主义生产方式。这种思想的深刻性具体表现

---

① 调节主义理论的核心概念福特主义的分析，显然与葛兰西（1983：383-417）一脉相承。调节主义理论中的社会决定论，也明显受到了阿尔都塞（2019：397-433）的影响。

安东尼奥·葛兰西. 狱中札记 [M]. 葆煦，译. 北京：人民出版社，1983：383-417.

路易·阿尔都塞. 论再生产 [M]. 吴子枫，译. 西安：西北大学出版社，2019：397-433.

在其制度互补性的分析之中，福特主义相互联系的几个制度层面或"结构形式"是：集体讨价还价保障工资弹性和消费增长；社会保障系统维持失业者的消费能力；大公司的投资竞争促进生产条件更新；金融系统促进货币流动。这些国内制度的相互作用加之国际竞争的冲击，推动了发达资本主义现代化升级：从泰勒制到福特主义再到 20 世纪 80 年代以来的新福特主义。第二代调节主义更加注重福特主义模式在各国表现的差异性或资本主义模式多样性分析，继承了第一代调节主义"结构形式"的制度互补思想（Aglietta，2015），聚焦于发达国家历史和文化路径依赖所导致的制度组合方式的多样性。模式多样性理论的贡献，在于深化了现代化道路的理解，对于后发国家具有特别的启发意义。

两代调节主义理论均主张均衡发展中的现代化，其中最核心的洞见在于：福特主义在资本主义历史上第一次创造了工人阶级的消费模式，把一般化了的商品关系扩展至消费领域，逆转了传统生活方式。标准化的大规模生产创造了标准化的大众消费方式，并以此为条件达成更高程度的现代化①。

三、均衡社会的规范主义内涵与均衡机制

需要注意的是，发展主义视野中的均衡概念不是通常意义上的机械均衡，而是一种发生学意义上的内稳态概念，这种观念不仅体现在佩鲁的新发展观上，而且更加清晰地表述在帕森斯的规范主义理论之中。这种均衡概念的使用，显然受到了皮亚杰（2009）发生学结构主义的影响，更早可追溯到坎农的内稳态理论②。根据坎农（1982），有机体内部环境的稳定是这样一种动态平衡或发展机制：如果一种状态得到稳定，那是出于任何变动的趋势都将自动增强一个或数个因素对抗这种变动，决定一种稳态状况的调节系统可以包括若干起着协调作用的因子，这些因子能同时或连续参与作用。内稳态的作用首先是维持系统的生存，以此为基础，使有机体摆脱内外部环境的限制，进而从事复杂的认知活动。在个体和群体的演化过程中，内部稳定能力和外部环境适应能力都是随着机体发生、成长而逐步提高的。坎农把这种思想扩展到社会科学，

---

① 类似的思想体现在加尔布雷斯（2012：203-222）的"修订后的顺序"这一表述中，即与消费者统治相反，消费者行为被公司广告、说服策略控制，更严重的是，为使生产扩张持续下去，产生了生产体系对消费体系的控制。

约翰·肯尼斯·加尔布雷斯. 新工业国 [M]. 稽飞，译. 上海：上海人民出版社，2012：203-222.

② 皮亚杰. 结构主义 [M]. 倪连生，王琳，译. 北京：商务印书馆，2009：37-43.

坎农. 躯体的智慧 [M]. 范岳年，魏有仁，译. 北京：商务印书馆，1982：174-186.

尝试建立一个普遍的稳态原则：社会系统最初的结构和功能是简单的，内部稳定性机制不健全，应对外部冲击能力低下。随着分工深化和实践经验累积，灵活协调的社会调节机制产生，这种平衡有助于社会活力和个体发展的良性循环。

由此可以领会到，注重结构功能分析的发展主义，之所以重视内稳态意义上动态平衡，主要出于社会价值因素的考虑。或者说，从发展观点来看，均衡社会的形成，是这样一个逐步发展的过程：技术分工推动了社会网络的扩大，且日益需要更多的规则用于协调经济与社会发展的平衡。这方面特别典型的例子，是公民权利的充实或福利社会的形成，分为三个阶段——基本权利形成于18世纪、政治权利形成于19世纪、社会权利形成于20世纪。以此为基础，福利国家理论甚至认为，当代福利国家不只是工业化过程中的被动的副产品，制度化的福利国家已经成为一种强大的社会化机制发挥作用。请注意，这里所谓制度化、社会化，正是自帕森斯以来的规范主义所关注的社会均衡发展的内容。按照这种理论，社会均衡的重要问题集中于以下三个方面（Parsons，2007）：

（1）从功能角度来看，社会进步的标志表现为分工程度的深化、适应能力的提高，为满足这个要求，需要更大包容性、广泛共享性的社会价值文化。这是经济社会一体化的动态发展过程，目标、适应、整合、维持是经济社会整体及其子系统均衡的必要条件。

（2）系统整合能力居于社会均衡的核心。随着系统分化或社会分工复杂性增加，子系统之间以及子系统内部与外部环境的协调和相互适应，需要一系列权责规范，特别是法律规范和管理程序的完善。

（3）整合的最终目的在于社会保存和进步。包括两个方面：在制度化意义上，保持各类社会价值体系的稳定，即以共享的文化和信仰维护社会凝聚力；在社会化意义上，个体通过遵守规范将社会价值内部化在人格的发展之中。社会维持或者价值分享机制，构成现代化模式多样性的源泉，它的变化也是社会变迁和社会进步的根本标志。

前述资本主义黄金时代制度互补及其调节方式，可视为抽象均衡理论的一种应用。这种实质主义的分析方法，对于制度规则在现代化过程及其转型中的作用给予了充分重视。实际上，"二战"后发达国家均衡社会的规范化特征，在福利国家理论那里得到了更加直观的说明。这种理论继承了波兰尼经济嵌入社会的思想，主张社会保护之于效率/福利长期平衡的重要性，因此在这种理论中，社会权利的制度化以及"国家—家庭—市场"福利组合的建设，成为高度现代化的重要标志。就 20 世纪 80 年代拉美新发展主义的主张及其社会保护实践而言，这种社会权利和规范意义上的社会均衡的可行性、必要性，实际上已经引起后发国家的重视。类似地，中国经济新常态下高质量发展理念的提出，在很大程度上也体现了经济社会一体化动态平衡的思路。

第四节　中国式现代化的发展主义特征与均衡社会取向

一、中国现代化过程的发展主义共性与特殊性

"发展才是硬道理"开启了中国改革开放大潮，自此成为中国现代化的主旋律，这一方面受到国际思潮的影响，另一方面也受到上层制度变革愿望的推动，因此，中国的工业化无疑带有鲜明的发展主义色彩[①]。但是，一些研究，如高柏（2006）认为，中国改革开放以来遵循的是一种新发展主义模式，当然，这种认识是对比日本传统发展主义模式下的经济政策所得出的，与本章的均衡和规范视角有所不同。我们最好首先分析一下中国现代化的共性与特殊性，顺便为一些现实问题分析做个铺垫。

（一）在共性方面

第一"嵌入自主"的国家或社会中的国家作用，正如追赶成功的其他东亚国家和地区，构成了中国持续高增长和稳定的基础。按照丁学良的见解，东亚不同于西方国家的独特的国家—社会关系是历史形成的，不会因为工业化或民主化而消失；与西方正当程序关系模式不同，东亚地区国家的影响是弥散的，正式与非正式制度交织、国家与市场交织、法律与道德交织等（Johnson，1999）。中国式的"嵌入自主"的国家—社会关系，体现在人民代表大会和人民政治协商制度的效能上，其重要成果就是国民经济和社会发展五年规划的编制与实施，并成

[①] 国内学者对于中国发展主义特征的分析，见叶敬忠、孙睿昕（2012）的系统综述。
叶敬忠，孙睿昕. 发展主义研究综述 [J]. 中国农业大学学报（社会科学版），2012（2）.

为现代化过程的重要指导。按照社会学和比较政治学理论的解释，嵌入自主的本质是"公共对话领域"的建设，其重要作用在于扩大社会参与网络，以便在关系到长远发展利益的重大问题上达成共识、凝聚团结力量，因此也是一种综合的、前瞻性的且有利于政策连续性的制度设计。

第二，稳定、持续的高速增长，伴随着产业结构的优化升级，经济发展水平呈现出强劲的追赶趋势。正如上文所说的那样，日本用了 40 年的压缩时间，走完了通向发达国家的所有工业化阶梯，类似地，中国也用了近 40 年时间，经历了劳动密集型、重化工业化阶段，且在增速换挡时期，适时做出了高质量发展的长远规划。

第三，从经济社会一体化角度来看，党的十八大以来，中国更加自觉地在理论上和政策上推动均衡社会建设，中国均衡社会发展的愿景——共享、包容、普惠、平衡等理念进一步得到落实。这种以人为中心的理念也使中国现代化内容更加丰富，特别是对于稳定发展至关重要的发展权利的重视①。从而，均衡社会的价值取向与经济高质量取向的一体化协同，出现在中国城市化进程中，效率—福利的动态平衡逐渐成为发展主线。

（二）特殊性方面

第一，正如高柏（2006）指出的那样，中国模式与日本模式的最大区别在于两者看待市场的态度和制度安排不同。日本模式适应了全球化第一次浪潮和战后初期第二次浪潮，一开始就采取了限制市场力量和社会保护策略。中国的改革开放适逢全球化第二次浪潮的市场力量释放时期，逐渐走上要素比较优势的发展道路。

第二，改革开放之初确立了中国特色社会主义道路，党的十八大报告将其提升为系统的理论体系，即中国特色社会主义道路是实现途径、中国特色社会主义理论体系是行动指南、中国特色社会主义制度是根本保障，三者统一于中国特色社会主义伟大实践，这是党领导人民在建设社会主义长期实践中形成的最鲜明特色。

---

① 防御性现代化理念最初作为俾斯麦社会保障立法的重要依据所使用，这个术语的意思是，只有致力于工人阶级社会保障改善和社会权利的制度化，才能从根本上保证政治稳定。此后，这类做法普遍体现在欧洲发达国家社会保护立法当中，并主要作为政党合法性的策略存在，以巩固和加强社会团结（Rose & Shiratori, 1986：131）。

Rose R. , Shiratori R. The Welfare State East and West［M］. Oxford：Oxford University Press, 1986：131.

二、高增长、科学发展观与均衡发展路径的探索

就现代化过程中人的发展的重要性的认识深化而言，以党的十八大报告明确提出人民发展权利为标志，这里大致把改革开放以来中国发展历程分为两个历史时期：1978~2011 年的高增长时期，或者效率主导发展时期，因此带有传统发展主义注重增长数量和增长速度的典型特征；2012 年以来高速增长向高质量发展要求的转换、新时代社会主要矛盾已经转化为人民日益增长的美好生活需要和不平衡不充分发展之间的矛盾，意味着中国进入一个效率—公平的动态平衡时期，公平正义背后的社会权利和人的发展受到重视，带有规范主义的均衡社会色彩。为清晰可见，我们使用苗遂奇（2021）的研究方法，以历次党代会作为重要时间坐标，针对中国高增长时期的发展理论和均衡努力给出扼要说明。以党的十六大（2002 年）提出全面建设小康为节点，中国高增长历史又可细分为两个阶段：

（1）第一阶段是 1978~2001 年，实现了从发展才是硬道理到深度融合于国际经济的飞跃。这个时期的主要任务是建立稳定持续高增长的工业化路径，主要包括三个内容：在国家与市场关系方面，党的十四大（1992 年）提出经济体制改革目标是建立社会主义市场经济体制，市场在宏观调控下对资源配置起基础性作用，多种经济成分共同发展。在宏观调控方面，理论认识和调控体系在实践中发展起来，尽管这个时期的五次调控仍然是针对短期的总量调控，但是已经认识到结构性问题的重要性（汪同三，2005）。经济结构方面，这个时期成功突破低水平收入陷阱，经济高增长动力由劳动密集型主导转换为重化工业化主导，同时，城市化开始快速发展。

（2）第二阶段是 2002~2011 年，这个十年理论创新的重要性在于，首次明确、系统地将均衡发展理念用于指导现代化过程，为以后的理论创新奠定了基础。党的十六大提出全面建设小康社会，即在 21 世纪头 20 年集中力量全面建设惠及十几亿人口更高水平的小康，经济社会发展更加繁荣和谐。党的十七大（2007 年）首次提出中国特色社会主义理论体系和科学发展观概念，指出科学发展观第一要义是发展、核心是以人为本、基本要求是全面协调可持续、根本方法是统筹兼顾，均衡理念因此得到系统表述。

总体来看，党的十六大、十七大关于全面建设小康社会和以人为本理念的确立，是适应城市化加速发展的一次关键、主动的战略调整，最重要的指导意义在于切实把社会发展的价值揭示出来，无疑是中国特色社会主义理论的一次成功探

索。这种理念背后的原因也颇具历史意义和耐人寻味，这里扼要提示两点：

（1）城市化的发展进一步凸显了结构问题，需要一种总体的、内生的、综合的科学发展观从全局上把握与调节。1981 年城市化率为 20%，城市化率突破 30%（1996 年）历时 15 年、突破 40%（2003 年）历时 7 年，2011 年城市化率突破 50%。这个过程中，科教文卫等社会事业快速发展，最为突出的是社会保障制度化建设取得了实质性进展——根据郑功成（2012）的研究，党的十六大之后，国家逐渐改变社会保障为市场经济改革配套的过渡性做法，在将保障扩展至农村居民的同时，推动了向公平本质的回复；2010 年《中华人民共和国社会保险法》的颁布，标志着中国特色社会保障体系建设进入法制化轨道。社会保障制度的全面建设，一方面反映了人民生活水平提高的新要求，另一方面打下了未来稳定发展的基础。

（2）加入世界贸易组织（WTO）后，中国进入新一轮资本驱动的高速增长阶段，投资—消费失衡问题愈演愈烈，居民消费率在 2005 年以后更是降到 40%以下。其间，扭转这种失衡局面、顺应城市化规律把增长动力逐渐转换到内需拉动，逐渐成为一种共识，弥补社会发展短板相应成为城市化可持续问题的应有之义。

三、新发展理念、新发展格局和共同富裕：均衡发展路径的确立

2012 年以来，中国经济进入中高速增长的新常态，同时，随着城市化由加速走向成熟，社会主要矛盾也发生了历史性变化，转化为人民日益增长的美好生活需要和不平衡不充分的发展之间的矛盾。同时，新发展观、新发展格局和共同富裕的提出，标志着发展新时代均衡现代化路径的确立。为清晰可见，这里结合均衡社会的几个发展前提，对近十年来中国现代化理论探索中的主要创新，尤其是这些创新背后的深层次理论意义给出扼要提示。先介绍一些思想背景。回顾前文 Bresser-Pereira（2017）的发展阶段划分，发达资本主义在经历了福特主义的"社会—发展型资本主义"之后，自 20 世纪 80 年代以来，随着新自由主义的兴起，经济脱嵌所导致的后果越来越严重，以至于乌尔里希·贝克（2004）在其影响甚广的《风险社会》一书中，直接将现代性定义为风险社会，即传统工业社会的财富生产分配逻辑蜕变为当代社会的风险生产分配逻辑，以社会价值回归消解发展失衡的呼声日渐提高。由此看来，中国新发展理念的提出，有着深层次的国际国内背景。总括起来，新发展理念和新发展格局，最终体现在共同富裕目标

之中。从均衡社会角度来看，主要包括三个方面：

（1）经济层面：以人民为中心和人的全面发展，抓住了城市化的根本特征。2012年以来国内国际经济政治形势发生了前所未有的变化：中国城市化向成熟期迈进的同时，产生了高速增长向中高速增长的转换，高质量、内生性的可持续发展成为新的要求；国际上，中国经济的巨大体量使其成为重塑国际分工体系的重要力量，贸易摩擦、疫情以及未来不确定性，迫使中国调整原有工业化思路，转换到更加有弹性的平衡路径上来。以党的十八大提出的经济、政治、文化、生态文明建设"五位一体"和全面建成小康社会目标确立为主线，开启了城市化时期中国式现代化的新探索。从党的十八届五中全会（2015年）提出"创新、协调、绿色、开放、共享"新发展理念，到党的十九大（2017年）关于进入新时代、社会主要矛盾已经转为人民日益增长的美好生活需要和不平衡不充分发展之间的矛盾的战略判断，以人民为中心的发展理念真正确立起来。"十四五"规划（2021年）"加快构建以国内大循环为主体、国内国际双循环相互促进的新发展格局"的提出，正是将新发展理念用于指导经济社会发展实践，由此，规划中不断出现的均衡理念，被赋予了包括经济结构协调、国内外协调、经济社会一体化等更加具体而丰富的内容，促进人的全面发展和社会全面进步成为未来均衡布局的关键。

（2）社会层面：正如前文所述，经济社会一体化的落实，更多体现在"国家（政府）—市场（企业）—家庭（个体）"福利组合的相互嵌入或一体化协调之中，各国根据自己独特的文化、制度，据此建立不同的效率—福利动态平衡路径。有三个关键要点：一是知识中产群体的扩大再生产，中产群体的培育是发展中国家保持社会活力并跨越中等收入陷阱的关键，这个群体的重要作用是充当消费结构升级和生产结构升级良性循环的枢纽，是企业家精神和社会凝聚力的源泉。二是社会保障体系的现代化与保障制度完善，反映了工业化后期高端城市化可持续的要求，体现了社会生活、道德、治理共同体建设的重要性，也是现代化成果的重要标志。自党的十八大以来，中国在这方面着力较大，且取得了一些重大成果——包括社会保障体系的完善、脱贫攻坚战的全面胜利以及扎实推动共同富裕提上日程。三是在向发达国家迈进的过程中，中国面临的发展环境比过去更加严峻，特别是老龄化、服务化和城市化带来的风险与挑战，归根到底要依靠创新能力的提高解决这些问题。由此，人的发展的重要性不难理解。

（3）政治层面：治理的效率和效能。更多社会目标的纳入，为国家治理能力提出了新的要求。与工业化过程中围绕效率、供给等相对简单的发展目标不同，均衡社会的有效运作，依赖于面向市场和公共生活的更大水平的开放与政策权衡，无疑，2021 年写入国家法律的"全过程民主"是中国治理现代化的最重要的标志。按照鲁品越（2021）的解释，在提高治理科学性方面，"全过程民主通过顶层设计和问计于民的统一，作出充分集中体现民意与民智的科学决策。党和政府在决策过程中，由党和政府提出决策需求，向人民开门问策，通过专家咨询、智库研究、群众献策、网络征集意见等各种民主形式，充分听取民意、集中民智，使尽可能多的民众参与决策过程"。考虑到刚才提及的城市化时期经济社会一体化问题的复杂性，这种积极的嵌入型治理网络的构建，有助于社会均衡路径的达成。

第五节　结　论

发达国家经历了从重商主义到工业革命的漫长发展过程之后，随着福特主义在美国的兴盛及其向全球的扩展，造就了 20 世纪五六十年代效率—福利动态平衡的黄金时期。20 世纪 80 年代之后的新自由主义和去管制化，属于后福特主义时期发达资本主义自身矛盾的一系调整，尽管发生了金融资本和脱实向虚的偏向，但是社会保护的反向运动的力量一直在发生重要缓冲作用：事实上，发达国家经历了黄金时期公共支出水平迅速提高以及社会保障制度化的完善之后，80 年代以来不像以前增长得那么快了，但是社会保护力度也没有显著降低。同时，这次疫情给自由主义信条敲响了警钟，重新恢复均衡社会的呼声也越来越高。改革开放以来，中国稳定快速增长势头的保持，得益于社会主义市场经济体制的实践探索，特别是进入经济新常态以来，随着城市化日益走向成熟，均衡协调越来越成为高质量发展的重要支撑。新发展理念和新发展格局是包括了经济社会政治等相互嵌入的更复杂的逻辑框架，只能是在实践中逐步加以完善的开放模式。尽管如此，对社会价值的重视，以公平促进未来发展潜力和创新能力，或者说实现效率—福利的动态平衡，将成为中国式现代化建设的主线。

参考文献

［1］Parsons，T. The Social System［M］. London：Routledge，1951/1991：

xiii-xxx.

［2］Rostow，W. W. The Stages of Economic Growth：A Non-Communist Mani-festo［M］．Cambridge：Cambridge University Press，1960.

［3］曾毅．比较政治学研究中的发展主义路径［J］．社会科学研究，2011（1）．

［4］R. Prebisch. Change and Development：Latin America's Great Task［M］．Washington DC：Inter-American Development Bank，1970：1-19.

［5］高君成．评拉美发展主义的经济理论及其实践［J］．拉丁美洲丛刊，1985（2）．

［6］Reinert，E. S. Developmentalism，The Other Canon Foundation & Tallinn University of Technology［C］．Working Papers in Technology Governance & Economic Dynamics，2010.

［7］Rose，R.，R. Shiratori，The Welfare State East and West［M］．Oxford：Oxford University Press，1986.

［8］Ozawa，T. Institutions，Industrial Upgrading，and Economic Performance in Japan：The "Flying-Geese" Paradigm of Catch-up Growth［M］．Cheltenham and MA：Edward Elgar，2005.

［9］袁富华、李兆辰．嵌入、调节与治理：历史时间与现代化路径［J］．经济与管理评论，2021（2）．

［10］Bresser-Pereira L. C. The Two Forms of Capitalism：Developmentalism and Economic Liberalism［J］．Brazilian Journal of Political Economy，2017，37（4）．

［11］Gill，I.，H. Kharas，D. Bhattasali，etal. An East Asian Renaissance：Ideas for Economic Growth［J］．World Bank Publications，2007，22（2）．

［12］Kay，C. Latin American Theories of Development and Underdevelopment［M］．London：Routledge，1989.

［13］［英］维克托·布尔默—托马斯．独立以来拉丁美洲的经济发展［M］．张凡，等，译．北京：中国经济出版社，2000.

［14］［美］查默斯·约翰逊．通产省与日本奇迹：产业政策的成长（1925-1975）［M］．金毅，等，译．长春：吉林出版集团有限责任公司，2010。

［15］Johnson，C. The Developmental State：Odyssey of a Concept［M］// M. Woo-Cumings. The Developmental State. Cornell University Press，1999.

［16］Evans，P.，Stephens J. D. Studying Development Since the Sixties

［J］．Theory and Society, 1988, 17（5）.

［17］Evans, P. The State as Problem and Solution：Predation, Embedded Autonomy, and Structural Change ［M］//Haggard S. & R. R. Kaufman. The Politics of Economic Adjustment. Princeton University Press, 1992.

［18］［美］乔尔·S. 米格代尔．社会中的国家［M］．李杨，郭一聪，译．南京：江苏人民出版社，2013.

［19］江时学．拉美发展模式研究［M］．北京：经济管理出版社，1996.

［20］［法］弗朗索瓦·佩鲁．新发展观［M］．张宁，丰子义，译．北京：华夏出版社，1987.

［21］K. C. Cerqueira, The Political Economy of the New Developmentalism ［M］．in 24th Annual Conference of the Society for the Advancement of Socio-Economics - SASE, 2012.

［22］［意］安东尼奥·葛兰西．狱中札记［J］．葆煦，译．北京：人民出版社，1983.

［23］［法］路易·阿尔都塞．论再生产［J］．吴子枫，译．西安：西北大学出版社，2019.

［24］Aglietta, M. A Theory of Capitalist Regulation：The US Experience ［M］．England：Verso, 2015.

［25］约翰·肯尼斯·加尔布雷斯．新工业国［M］．嵇飞，译．上海：上海人民出版社，2012.

［26］［瑞士］皮亚杰．结构主义［M］．倪连生，王琳，译．北京：商务印书馆，2009.

［27］［美］W. R. 坎农．躯体的智慧［M］．范岳年，魏有仁，译．北京：商务印书馆，1982.

［28］Parsons, T. An Outline of the Social System ［M］//Calhoun C. Classical Sociological Theory. Blackwell Publishing, 2007.

［29］叶敬忠，孙睿昕．发展主义研究综述［J］．中国农业大学学报（社会科学版），2012（2）.

［30］高柏．新发展主义与古典发展主义［J］．社会学研究，2006（1）.

［31］Rose, R. , Shiratori R. The Welfare State East and West ［M］．Oxford：Oxford University Press, 1986.

［32］苗遂奇．从百年历程看中国共产党重要会议的历史意义［J］．党建，2021（7）．

［33］汪同三．历次宏观调控的回顾与反思［J］．瞭望新闻周刊，2005（27）．

［34］郑功成，鲁全．全面建成小康社会中的社会保障［R］．中国经济改革研究基金会项目，2012.

［35］鲁品越．全过程民主：人类民主政治的新形态［J］．马克思主义研究，2021（1）．

第三章　集聚的现代性与
均衡社会的准则

第一节　引言

正如题目所说的那样，本章立足于高度现代化这个特殊历史背景，重新审视城市化集聚、失衡以及均衡社会重建的前提条件。不同于产业区位、增长极等传统分析，集聚现代性主要针对后福特主义时期去管制所导致的风险积累机制及其后果。高度现代化的基本特征是风险、不确定与不安全，这些问题源于逐利动机的失控，社会价值回归因此成为经济社会一体化协调的内在要求。为此，本章遵循规范主义分析方法，关注效率取向、价值取向两者的有机统一在均衡社会建设中的重要作用。

一、集聚的现代性

集聚在当代的表现及其运转机制，有着特殊的经济和社会背景。高度现代化的特征是风险，主要有四类：

（1）第一类，风险的制度化。安东尼·吉登斯（Anthony Giddens，1998b）认为，信息技术发展和知识分工深化，导致"去技能化"、权威多元以及制度组织的内在不稳定。为了应对高度现代化不断带入的新风险，不得不依赖专家知识对风险进行管控、利用，最终导致剥夺和个体的异化效应。

（2）第二类，传统工业化的财富生产分配逻辑，蜕变为后福特主义时期的风险生产分配逻辑。这是乌尔里希·贝克（Ulrich Beck，2004）的观点。与传统社会相联系的价值和规范是社会平等理念，与当代风险社会相联系的价值观念是

"安全"和风险估值。

（3）第三类，生产和消费"过时"。让·鲍德里亚（Jean Baudrillard，2014）认为，现代化特征是生产体系经由大众传媒对消费体系进行控制，而消费的不稳定、易变导致社会不稳定、不安全。

（4）第四类，逐利动机驱动下的技术、生活和社会加速循环。这是哈特穆特·罗萨（hartmut Rosa，2015）的观点，逐利动机破坏了现代化过程赖以持续推进的条件和机制，在缺失社会价值和社会保护的情况下，效率提升、财富集聚往往伴随着失衡与不确定性的加快累积，当代城市化的风险即源于此。

二、均衡社会的四个准则

平等、正义、共同体、安全和信任，构成社会团结的基础，这个一般原则又可进一步划分为具有分析价值的四个准则：

（1）承认集聚的公共性和城市作为公共组织存在。这是刘易斯·芒福德（Lewis Mumford，2018）的思想。在他那里，城市不是单纯作为利益追求的磁体而存在，首要的应该是关注城市作为集聚体的整体作用，也就是被有机联系、社会规范等理念塑造出来的公共属性，用以巩固城市作为财富、知识和文化的容器功能。

（2）承认集聚的社会性和城市作为道德共同体存在。这个认识要归功于齐格蒙特·鲍曼（Zygmunt Bauman，2003）。他认为，当今实际存在的共同体，是一种基于身份认同的易变的、逃避责任的、社会分化的结构，而恢复那种自然而然的分享、信任、确定和安全感的传统道德共同体，对于社会重建非常重要（鲍曼，2003）。

（3）承认集聚的综合性和城市作为多元福利组合存在。关于道德共同体的重构，福利国家理论倾向于经济社会各部门的协调，以家庭、企业、国家以及中介组织的制度互补能力，促进分享发展和社会稳定。

（4）效率、效能与一体化。这是就社会治理角度来说的，重点是通过认同、参与、再分配机制设计，促进治理效能的提高与经济效率的改进。

社会理论对于现代性的反思，源于 20 世纪 70 年代资本主义黄金时代的结束，信息、知识经济时代的到来，或者理论上称为后福特主义时期的到来，在开启崭新现代化图景的同时，也将新的风险带入高度现代化进程之中：福特主义确立的充分就业、确定预期和福利保障，在信息化、经济服务化、去管制化的变革中受到削弱，风险和不安全成为高度现代化的主要问题。20世纪80年代以来，利益取向的去管制化，造成了经济增长对社会发展的脱嵌，开启了持续20多年的现代化风险累积大门，直到2008年金融危机。但是，经济与社会再嵌入、再平衡问题，也不断受到理论和政策关注，无论是发达国家还是发展中国家，至少在20世纪90年代就已经认识到风险累积问题，由此激发了发展模式多样性的理论探索和政策实践，价值规范与制度保障之于长期社会活力的重要作用因此受到重视。从认识论角度来看，技术决定论自身问题也引致了思想的反向运动，社会决定论、文化决定论相应得到发展，但是本章认为，在看待现代化过程的联系时，应当坚持经济与社会的有机统一，而技术决定论或社会决定论的任何片面倾向，都是有问题的。

第二节　集聚的现代性：四类机制与风险累积

基于人口集聚和分工的城市及其发展，尽管产生较早，但是作为空间、时间和制度的一类特殊综合体，城市化过程的持续加速乃至成为经济社会现代化的核心动力，却是在工业资本主义生产力得到充分发展之后：即"二战"之前的机械化、电气化与"二战"之后的信息化、智能化四个阶段。[①] 从过程角度来看，"空间—时间—制度"这三个维度在各自结构和质的差异、组合与变化，勾勒出经济社会历史各个阶段的城市化特征，这种演化把技术、社会、文化的现代性赋予城市。

对于图3-1、图3-2、图3-3和图3-4所展示的四类现代化理论中所包含的社会再生产关系及其内在矛盾，本部分做一个扼要的比较分析，旨在揭示工具行动或利益动机所带来的矛盾与冲突。逐利动机使集聚脱离了社会规范约束，并成为当代城市化可持续的主要障碍。本部分基于后福特主义时期的高度现代化，分析集聚及其风险。

---

① 工业化阶段划分。见工业4.0工作组编写，德国联邦教育研究部于2013年发布的《实施工业4.0攻略的建议》，中文版本由康金城主编，中国工程院咨询服务中心刘晓龙登供稿。

工业4.0工作组. 实施工业4.0攻略的建议［M］. 德国联邦教育研究部，2013.

图 3-1　吉登斯现代化理论中的集聚与冲突

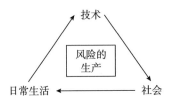

图 3-2　贝克现代化理论中的集聚与冲突

图 3-3　鲍德里亚消费社会理论中的集聚与冲突

图 3-4　罗萨社会加速理论中的集聚与冲突

注：根据各位作者（吉登斯，1998a，1998b；贝克，2004；鲍德里亚，2014；罗萨，2015）的相应观点绘制。图中箭头方向及其循环，旨在突出能动的个体在反思性现代化过程中的作用（图 3-3 是例外，存在技术对被动的消费者的控制）。当然，现实中存在日常、技术与社会的双向互动。

一、吉登斯：风险的制度化

关于个体（日常生活）、技术、社会三因素之间的关系，吉登斯的基本认识是：具有能动性的个体在规则与资源的约束和激励下促进社会再生产，并以此获得个体进一步发展的前提条件①。因此，高度现代化表现为遵从自身的控制、调节规律，它以信任和安全为基础，但是自身却蕴含了不安全与不稳定。矛盾和冲突源于现代经济社会环境的人造特征，风险的制度化成为集聚现代性的主要标志。

（一）风险的制度化机制

吉登斯的高度现代化指的是我们当今高度城市化，其动力源于：电子信息技术发展所导致的时空分离与全球化，知识分工深化所导致的"去技能化"或对专家的依赖；新知识运用于日常生活和制度组织所产生的连续但内在不稳定②。在吉登斯理论中，个体能动性对知识的运用及其与制度结构的相互作用，把当前的实践与未来预期联系起来，现代化过程不断打开风险前景，并借助专家知识对风险进行管理、监控和利用，从而形成制度化组织起来的风险系统，典型如广泛存在于金融领域、社会保险领域的资本运作、风险分担机构。并且，制度化的风险环境，通过各种途径把个体与社会联系起来，发展机遇和挑战即蕴含在这个动态关联之中，其中，"人造"或"人为"发挥了重要作用，包括两方面的含义：一是人造的环境。城市的发展导致城乡分割，个体被卷入社会化所决定的复杂系统中去。二是人为设计的生活方式。日常生活越来越受到传媒和专家知识的影响，这些被传递的经验，在为个体增加新知识的同时，也增加了选择的不确定。

（二）矛盾与冲突

与具有明确道德约束和外在规范参考框架的传统社会不同（如建立在宗教、社区、亲属制度基础上的信仰与信任），高度现代化导致个体对专家系统的过度依赖，因此，各种各样的控制替代了道德约束，知识专业化与道德贫乏共存成为"人造"环境的标志，并因此造成了个体的两难困境。按照吉登斯的说法，这些矛盾和冲突包括三个方面③：一是现代化的剥夺。尽管个体运用知识和规划追求

① 安东尼·吉登斯. 社会的构成 [M]. 李康，李猛，译. 北京：生活·读书·新知三联书店，1998a：61.

② 即吉登斯（1998b：22）所谓现代性的三个动力：时空分离、抽离化机制（包括符号系统和专家系统两种类型）和制度反思性。其中，知识分工专业化导致的"去技能化"问题，不只是外行对专业知识不甚了了，即使专家之间也对彼此知识感到陌生，从而出现复杂知识的依赖链条。

安东尼·吉登斯. 现代性与自我认同 [M]. 赵旭东，方文，译. 北京：生活·读书·新知三联书店，1998b：22.

③ 安东尼·吉登斯. 现代性与自我认同 [M]. 赵旭东，方文，译. 北京：生活·读书·新知三联书店，1998b：213-245.

主动的控制，但是受到时空分离和"去技能化"的影响，陷入占有与无力的矛盾之中，面对多样的机会和多元选择，产生无所适从的焦虑。二是权威多元化加剧不确定。受到知识专业化和"去技能化"的影响，权威不再是答疑解惑，专家本身也是受到疑惑激发的。在看待专家见解时，个体通常采取怀疑的态度。三是标准化和异化效应。商品化、标准化制约个体的选择，并作为控制方式渗透进日常生活，个体调整、适应以建立这种人造环境下的生活方式，典型如广告传媒对生活风格和人格的塑造，技术控制大有取代道德规范的趋势。

二、贝克：风险的生产和分配

在现代化思想上，贝克与吉登斯之间存在着很大程度的相互渗透。例如，他们都认同现代性是一种风险文化；贝克承认现代化正变得具有反思意义，即正在成为它自身的主题和问题，这种思想与前文吉登斯关于高度现代化的思想一致。贝克对风险社会的动力机制提供了一个系统分析，对于个体（日常生活）、技术、社会三因素之间的关系，贝克（2004）的主要认识是：后福特主义时期技术进步和对利益的追求，促成风险社会的产生，社会正由传统收入不平等转变为风险地位不平等，且影响每一个家庭和个体。由此产生的后果是，高度现代化的社会以自身组织为前提，日益变得不稳定，围绕风险界定过程中的机会，各个利益集团展开所有人对所有人的斗争。

（一）风险的集聚机制

工业的过度发展和全球化趋势，使高度现代化社会演变为风险社会，20世纪前后两个半期的鲜明对比是，传统工业化的"财富"生产分配逻辑，正在蜕变为风险生产分配逻辑。技术进步和经济发展对财富的累积伴随着各种各样的风险累积、风险计算、风险界定和风险不平等，成为新的商品化主导因素。贝克（2004）对此的观点和深入考察包括以下三点[1]：

第一，与传统工业社会风险所具有的职业、空间局限性不同，当代的风险在分工精细的知识里可以改变、转变、削减或夸大，可以根据利益需要而人为建构。界定风险成为一种权力。

第二，风险界定的权力的运作，导致不同于传统财富不平等的风险地位不平等，在风险分配中，一些人可能受到更大影响。通常的情况是，财富在上等阶层

---

[1] 乌尔里希·贝克. 风险社会 [M]. 何博闻, 译. 上海: 译林出版社, 2004: 15-57.

集聚，风险在下等阶层集聚，但是，下层的风险累积迟早会传导到整个社会，且在全球化时代，风险社会向他国溢出导致风险地位的国际不平等。

第三，从赢家的角度来看，风险中蕴含商机，这种机制类似于吉登斯理论中通过风险制度化捕捉利益。未来的发展总是伴随风险，高度现代化中的经济因此变成以利益为动力的风险/技术因果链，从而忽视了其他社会需求。因此，商业化对规范和政治保障造成了巨大冲击，工业民主变得虚弱不堪。

（二）矛盾与冲突

从一些主要论述中，我们可以看到贝克对于当代风险社会规范约束缺失的担忧。由于风险界定受到了利益的操控，冲突、竞争制约了风险评估的实验逻辑和科学根基，社会对专家知识的信任崩溃。在与传统社会的比较中，贝克认为高度现代化的社会是一种科学社会、媒体社会、信息社会的复杂综合体：传统社会与平等理念相关联，风险社会与"安全"理念相关联；传统社会生产分配的价值体系，被当代注重安全和风险的价值体系替代——人们不再获得"好的"东西，而是关注如何避免"坏的"事情，社会变迁目标从以前的进取型，变为现在的消极防御型。总之，贝克认为，发达资本主义从自己内生的风险中得到滋养，创造了社会的风险地位、集团利益，同时也唤起了对现代化稳定基础的广泛质疑。

三、鲍德里亚：生产和消费"过时"

在吉登斯和贝克关于消费需求的分析中，隐约可见鲍德里亚的类似思想甚至影响。作为时间上稍早一些的理论家，鲍德里亚的消费社会理论，直接受到了约翰·肯尼斯·加尔布雷斯（John Kenneth Galbraith，2012）的影响，特别是在生产控制消费这个核心理论层面。关于个体（日常生活）、技术、社会三因素之间的关系，鲍德里亚（2014）的基本认识是：以大众传媒对时尚、大众消费的控制为媒介，资本主义生产并不是依据产品使用价值或经久耐用，而是建立在"过时"基础之上，并据之制造了从属于生产增长自身的消耗（而非消费）模式。因此，现代化的特征表现为，资本主义生产通过传媒对消费实施控制，消费成为生产的延伸且导致消费地位分化，"人造"的时尚需求蕴含了不安全与增长不稳定。城市化集聚被消费需求的快速扩大主导，集聚造成增长的恶性循环，即为了维持生产和利润，资本主义体制不得不以各种形式的危害、浪费和不安全感为代价。

（一）风险的集聚机制

鲍德里亚解释了现代化过程中由于生产垄断和逐利动机所导致的一种消费异

化、"非真实化"的极端情景，隐含着这样一个重要含义①：资本主义体制自身替代了社会价值，生产通过广告人为制造消费地位区分、激发攀比冲动，由此不断生产出"过时"这种不稳定的消费生产力，消费的易变影响到职业安全，流动的社会变成不稳定、不安全的社会。这一切都源于资本主义体制的两个特征：颠倒的序列和消费差异化需求。

第一，鲍德里亚同意加尔布雷斯的观点：当代资本主义矛盾不再是企业层面上利润最大化与生产理性化之间的矛盾，而是技术加速层次上无限生产潜力与销售市场之间的矛盾。② 为了实现技术潜力、维护企业垄断地位，生产者乃至资本主义体制不仅要控制机器而且要控制消费，于是就产生了与传统消费者统治理念不同的"颠倒了的序列"——主动权由生产者掌握，并通过大众传媒培养生产需要的消费态度和信念。

第二，鲍德里亚对此更进一步的也属于他的理论创造的是③：所有这一切都把物质增长的社会，变成了物质丰裕社会的对立面，生产秩序安排的目的，只为让消费者需求适应生产需要，消费者没有独立的需求，只有生产者的增长需求，由此导致丰裕社会的悖论——消费者心理的贫困化。

第三，鲍德里亚认为这种贫困化具体表现在两个方面：一是整个消费需求体系成为生产体系的产物，需求并不与相关的物品直接关联，不是一个接着一个产生的物的消费，而是作为消费生产力，作为生产体系总体的支配权力存在的，因此，技术结构的支配范围扩大了；二是技术支配扩大的重要依托，是将广告这个在消费社会具有战略意义的工具配给了生产体系，通过宣传、包装等，人为设计消费的等级划分，以此创造出适应于生产体系的消费欲望链条，最终将消费的享受功能转变为生产功能。同时，建立在心理基础上的这种生产/消费关联，由于受到技术加速与资本主义体制趋利逻辑的主导，势必带来增长的不稳定和社会失范等诸多问题。

（二）矛盾与冲突

这种生产消费体制与人的发展的矛盾也是明显的。

---

① 让·鲍德里亚. 消费社会［M］. 刘成富，全志钢，译. 南京：南京大学出版社，2014：25-26.
② 加尔布雷斯对利润最大化不适合于现代资本主义体制的原因的分析，加尔布雷斯（2012）。
约翰·肯尼斯·加尔布雷斯. 新工业国［M］. 嵇飞，译. 上海：上海人民出版社，2012.
③ 让·鲍德里亚. 消费社会［M］. 刘成富，全志钢，译. 南京：南京大学出版社，2014：49-68.

第一，正如鲍德里亚所指出的那样①："人并不是拥有他所有的需要，先在地存在于那里，并在自然的驱使下来完满和诠释人之为人的特性……个人的价值体系，诸如宗教的自发性、自由、独创性等都要在生产的维度上才能显现出来。甚至最为基本的功能也都立即成为体系的功能。任何时候，人都不曾拥有基本的需要。"

第二，资本主义体制根本上忽视对个人发展的关注，还表现在以下方面：由于生产体系只是关注剩余价值，因此，当面对它自身过度生产和效率下降的矛盾时，就会采取赤字、破产重构积累模式，这种工具取向的生产模式本质上与财富再分配和福利制度建设存在矛盾，由此，特权与消费大众的阶层对立难以消除，中产阶层上升通道受阻。

第三，对于消费大众而言，受到传媒操纵的影响，消费者与现实世界、政治经济文化的关系，不再是利益、投资、责任的关系，而是好奇心的关系，异化和价值观念退化，消费者变成从属于生产体系的生存者而非自主的自我实现者。

四、罗萨：植根于当代社会文化和意识形态的加速循环

罗萨（2015）吸收了上述三家的思想，并在借鉴结构—功能主义理论及其最新发展的基础上，形成了具有特色的社会时间理论和社会加速理论。② 关于个体（日常生活）、技术、社会三因素之间的关系，罗萨（2015）的基本认识是：资本主义现代化的特征是过程和事件的加速，就后福特主义时期的发展而言，资本主义经济的基本难题不是静态的分配，而是对加速循环的维护。技术加速、生活节奏加速和社会变化加速相互推动，构成一个自我增强的社会加速循环，经济社会子系统的协调或同步是维持加速趋势的必要条件。但是，由于加速机制内生的分化和不确定，这个循环蕴含了失衡的可能，风险累积因此成为城市化集聚的主要特征。

（一）风险的集聚机制

罗萨（2015）认为，当代资本主义在特有的时间经济法则的命令下运转③：即资本主义经济本质上是时间经济，在时间就是金钱的信条下，一种为生产而生产的加速循环，取代了传统的为需要而生产的传统稳定模式。作为加速的物质基

---

①② 让·鲍德里亚．符号政治经济学批判［M］．夏莹，译．南京：南京大学出版社，2015：95.

当然，就技术加速以及社会流动所导致的问题分析上，罗萨显然受到了芒福德和鲍曼的影响，但是省略了两位作者关于社会价值分析，这些被省掉的思想，恰恰构成本章有关规范分析的重要部分，具体分析参见下文。

③ 哈尔特穆特·罗萨．加速：现代社会中时间结构的改变［M］．董璐，译．北京：北京大学出版社，2015：180-188.

础，技术革命，尤其是后福特主义时期所经历的信息技术革命，确立了时间经济的高效率循环逻辑，因此，工业社会占主导地位的技术逻辑就是时间逻辑。正是速度方面的革命，助推工业革命，加速循环是现代化的真正摇篮。进一步地，当代高度现代化下时间价值的确认，不是出于单纯的经济必要性，经过了技术、日常生活、社会之间的相互影响，已经成为资本主义国家文化规范重构的需要。加速逻辑基于不同历史、地理、文化环境下的改革、变化与重组，导致诸如莱茵式（长期效率取向）、盎格鲁—撒克逊式（短期效率取向）、亚洲式（日本模式）的变种。技术、个体、社会变化的加速循环通过三个层面的时间结构进行协调：一是日常生活的时间结构及其事件，如工作/休闲之间的切换；二是生命时间或生命历程的时间结构及其事件，如入学、参加工作、婚姻、退休养老等；三是个体所处时代的时间结构及其事件，如代际、时代等。在此基础上的社会加速循环是：工业革命和数字革命在数量上、速度上推动生活节奏的同时，也从质上推动社会形式的变革。技术、政治、教育、立法、市场组织和家庭等社会各环节，以循环的方式形成相互提升的关系，成为自我加强的反馈系统。这种整体上的社会加速的质上的变化，主要表现为：尽管技术和效率构成社会加速的物质支撑，但是技术加速本身以文化、经济和社会结构的变化为前提。资本逐利动机立足于技术决定论，并将其需求渗透到社会组织和社会价值的各个层面，日常生活的实质内容在不知不觉中被随波逐流替换，各类社会制度中对资本逐利的束缚被废除，去管制化、去制度化、去机构化等自由化改革都是为了去除加速循环障碍，直到2008年金融危机被动终止这个过程。

（二）矛盾与冲突

显然，社会加速模型是建立在一个非常严格的假设上：社会系统各个部分、各种构成要素之间必须保持同步，资源、规则的结构组织必须满足协调运作要求。但是，实践中这个假设很难满足，于是，加速的现代化本身蕴含了各种各样的分离、分裂和不确定，特别是后福特主义时代不断加剧的不平等、城市病和个体不安全感。具体来说就是人的发展问题凸显。对于个人而言，加速所导致的职业流动和失业风险增加，同时由于生活节奏的加快，规划跟不上变化，个人发展的能动性受到抑制。对于社会而言，加速和持续变化的宏观环境导致劳资关系不稳定，传统家庭观念的解体、社会群体分化以及代际断裂等，从权利和责任这个社会整合的基础来看，这些问题都不利于社会凝聚。同时，作为社会整合所必需的制度建设能力，也因为维持加速的要求而受到削弱，典型如政治机构和游戏规则的制定，不得不被动适应资本利益，造成了更大的社会不平等。不仅如此，国际上，发达国家自身的加速及其理念，经由分工被传递给发展中国家，并导致较低发展水平上更加难以解决的城市病、不公平问题。

需要指出的是，上述关于集聚现代性的分析，与工业化理论中的集聚分析传统不同。受到技术决定论或经济决定论的主导，传统集聚主要囿于产业区位、增长极、城市经济等，麦卡恩（2010）指出，产业活动和人口集聚不是集聚经济发展的充分条件，集聚的推动还应该考虑其他更多的福利因素，尽管这种见识相对于前文所述观点仍然比较粗略，但已经是非常难得的了。

第三节 均衡社会的四个准则

后福特主义时期的社会加速及其所带来的诸多累积性风险，源于资本主义现代化特有的逐利动机朝向社会系统各个部分、各个要素的渗透。这种工具取向的控制之所以成功，植根于资本主义的两个制度特点：一是 19 世纪 30 年代工业资本主义制度确立，劳动力市场的竞争把失业威胁带入现代化进程，并作为一种"自然法则"发挥作用[①]；二是"二战"后资本主义黄金时期的新现象，即在加尔布雷斯（2012）所谓丰裕社会中，一个人越是远离物质需要，他在购买时越容易被大众传媒说服或管理[②]。由此，在职业竞争的同时，也产生了消费位置的竞争或区分。尽管每个人都试图适应和控制所处环境，但最终都被裹挟进利益驱动的加速循环中。这种基于计算的工具理性，在当今城市化、经济服务化环境中，正如 Bresser-Pereira（2017）所言：发达国家最终从商业企业资本主义演变成食利者——金融家主导的资本主义：20 世纪 80 年代至 2008 年金融危机爆发这个时期的新自由主义，与 19 世纪 30 年代至"二战"期间的工业资本主义不是一回事，更不同于传统福特主义那种包容性以及对社会稳定的追求。本质上，新自由主义是一种倒退，它的极端个人主义倾向、无约束竞争导致社会分化、不安全，而大企业、食利者、大资本家却从中渔利。这可视为当代城市化集聚的利益取向

---

① 卡尔·波兰尼.巨变［M］.黄树民，译.北京：社会科学文献出版社，2017：139-140，176-182.
② 约翰·肯尼斯·加尔布雷斯.新工业国［M］.嵇飞，译.上海：上海人民出版社，2012：190-202.

的一个简洁概括。有趣的是，在这个极端的 30 年中，即使像英国和美国那样的自由主义福利国家，社会支出占国内生产总值（GDP）的比重不仅没有明显下降，反而呈现缓慢增长的趋势。[①] 这种增长不论是由于失业增加或不平等程度增加所致，还是由于其他社会政治因素所致，总之，卡尔·波拉尼（Karl Polanyi，2017）意义上社会保护的反向运动试图抵消现代化自身带来的危害，同时，与利益动机同样重要的城市集聚推动力也被呈现出来，即城市的公共性——不仅是作为活动场所的公共性，而且是社会凝聚和制度保障意义上的公共性。因此，从利益与价值有机统一的角度来看，城市化本质上属于更加综合的经济社会一体化协调问题。但是，这种动态均衡的实现，需要满足四个基本前提，如图 3-5 至图 3-8 所示。

图 3-5　芒福德城市化理论中的集聚与公共性

注：根据芒福德（2018）、鲍曼（2003）绘制。

图 3-6　鲍曼现代化理论中的集聚与共同体

注：根据芒福德（2018）、鲍曼（2003）绘制。

图 3-7　福利组合模型

注：根据 Rose（1986）绘制。

---

① 具体数据参见 OECD 数据库中的社会支出条目（OECD Data：Social spending）。

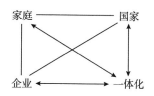

图 3-8 经济社会 4 系统一体化机制

注：根据袁富华（2021）绘制。

一、均衡社会准则之一：承认集聚的公共性和城市作为公共组织存在

通过大量史料分析，芒福德对城市变迁给出了极具说服力的解释，并且抓住了社会文化规范变迁这个根本[①]：起源上，首先城市是作为一套象征和价值系统存在，其规划和物质建筑长期作为文化价值载体存在；现代化上，城市商业属性的增强直至最后成为主导，是由于 16 世纪之后资本主义发展所致，特别是 19 世纪自由市场经济的兴起，把城市集聚当成追求利益的冒险事业，全力生产的功能取代了城市作为公共机构的职能。在这个过程中，与机械设备的广泛应用相结合，三类制度变迁极大地推动了工具、利益取向的最终确立：一是废除同业公会，人为创造不安全的就业环境；二是竞争性劳动市场的建立，促进了劳动力商品化；三是国际市场的开拓。城市集聚最终演变为出售城市。芒福德试图恢复城市集聚的公共性，在他看来，城市作为（贮存信息、文化）容器的功能，比作为（个体、群体谋利场所）磁体的功能更加重要。城市的首要特点是公共生活，这种被共同体、有机联系、社会规范等理念塑造出来的公共性，巩固了城市作为财富、知识和文化的容器功能，由之，利益与价值的有机结合形塑城市"记忆"，并据此累积和更新社会活动，这是城市作为公共机构的价值所在。

关于个体（日常生活）、技术、社会三因素之间的关系，芒福德重视城市集聚的公共性及其整合作用，明显带有传统社会理论的规范主义倾向，他的思想可

---

① 刘易斯·芒福德. 城市发展史［M］. 宋俊岭，宋一然，译. 上海：上海三联书店，2018：（109）：385-392，512-515.

以从结构—功能主义角度进行解读，① 这涉及以下三个机制：

（1）城市本质特征。城市应当是利益计算与价值规范的有机统一，这种一体化以城市文化聚合能力为前提。按照芒福德（2018）的说法，在前资本主义历史中，典型如中世纪，虽然城市发展缓慢，但却是一种自觉维护共同体的耐心调整，是一种平衡的容器。然而，资本主义制度的确立破坏了城市平衡，技术和度量衡的进步把商品简化为抽象的积和量，对人造财富的追求替代了对人的发展的关注，利益关系置换了家庭与团体，城市集聚破坏了城乡共生关系。最终，商业化破坏了城市形态。

（2）城市化与城市演化。按照结构功能主义的逻辑，城市发展方式变迁的根本标志是文化规范和价值规范的变化，城市演化有可能是进步的，即有利于有机发展的，也可能是退化的，即城市化走上利益取向、变成逐利的磁体。根据芒福德的论述②，现代城市与古代城市的区别，在于城市发展严格按照技术加速的节奏，未经社会充分引导，以快速步伐远离人文中心。或者说，除了与科学、技术发展这一利益追求相关外，并不与其他目的相关。结果，旨在实现社会安定的共同体价值被技术炸裂，在制动器失灵的情况下，城市变迁退化为杂乱无章、不可预知的状态。

（3）社会化和制度化作为整合的重要机制。规范主义视角下的城市及其发展，应当是基于社会化和制度化的整合过程。按照芒福德的说法就是③，有机发展能否实现，不是取决于各种因素的利弊，而是取决于城市对于各种因素的平衡能力，或者说城市应对自身矛盾和外部冲击的调整能力。针对这种能力的建设，制度化的作用在于建设和巩固有利于团结的价值和意识形态；社会化的价值在于通过制度建设，达成个体对于社会的认同。

总之，在芒福德看来④，现代城市越来越被商业化为"金融业—保险业—广

---

① Heiskala（2007）对于规范主义理论提供了一个很好的梳理，Parsons（2007）提供了结构功能主义理论最简明的介绍。

Heiskala R. Economy and Society：From Parsons through Habermas to Semiotic Institutionalism ［J］. Social Science Information，2007，46（2）：243-272.

Calhoun C. Classical Sociological Theory ［M］//Parsons T. An Outline of the Social System. Blackwell Publishing，2007.

② 刘易斯·芒福德. 城市发展史 ［M］. 宋俊岭，宋一然，译. 上海：上海三联书店，2018：389-392.

③ 刘易斯·芒福德. 城市发展史 ［M］. 宋俊岭，宋一然，译. 上海：上海三联书店，2018：515.

④ 刘易斯·芒福德. 城市发展史 ［M］. 宋俊岭，宋一然，译. 上海：上海三联书店，2018：497.

告业"三位一体，科学的精致追求与社会的滞后发展并存：如果沿着现在的路线继续发展科学技术，不改变前进方向，再持续一个世纪，会造成无法弥补的破坏。当前做法不是有意识创造一个比古代城市更有效的生存环境，最大限度地发挥人类潜力，而是消除特殊性、减少潜力，创造一个无思想的状态。

二、均衡社会准则之二：承认集聚的社会性和城市作为道德共同体存在

当代资本主义现代化理论中，鲍曼（2003）与前述各类思想处于同一知识体系。但是，正像芒福德那样，由于受到传统社会理论的影响，他更加有意识地去理解规范在城市化过程中的表现。鲍曼在传统的分析框架下提供了一个非常独特的理解，他追随理想共同体那种自然而然的分享、信任、确定和安全感，但是却对现实存在的共同体感到不满，试图恢复城市作为道德共同体的这一本来面貌。由于问题分析聚焦于"二战"后福特主义时代与后福特主义时代的对比，因此，他的一些思想看起来具有较强的现实感，主要表现为两个方面。

（1）现代资本主义历史中的两个趋势：一是用人为设计的各种规则和控制机制，取代理想共同体"自然而然"的理解。特别是工业化革命以来，基于自然的和传统调整的生活规则被改变，时间的结构和时间的质被赋予人为的现代性。用芒福德的话说就是①：现代工业时代的关键机器不是蒸汽机，而是时钟；资本主义的发展使城市居民在生活中养成了新的习惯、新的概念、新的计算方式。二是新的权力框架内，创造一种共同体的感觉。这种状况在当代的典型情景，表现在用身份认同作为共同体的替代品，或者说用人为设计的、经过讨价还价、不确定的圈子，替代自然而然的、默识的、确定的圈子。

（2）放松管制造就了无责任的失范时代。鲍曼对"二战"后福特制所缔造的资本主义黄金三十年总体上是肯定的，就像他说的那样，福特主义试图综合上述资本主义两种趋势，重建社会契约，并在机器控制、命令、利益与合作等矛盾之间寻找妥协与平衡②。尽管黄金时代建筑在人为设计的制度之上，但是却创造了一种"伟大结合"：至少在给予安全感方面，依托企业内部的谈判与合作机制

---

① 刘易斯·芒福德. 技术与文明［M］. 陈允明，王克仁，李华山，译. 北京：中国建筑工业出版社，2009：11-58.

② 齐格蒙特·鲍曼. 共同体：在一个不确定的世界中寻找安全［M］. 欧阳景根，译. 南京：江苏人民出版社，2003：43.

以及企业、家庭与国家三方伙伴关系，个体获得了相对稳定的就业与社会保障，风险分担和福利制度被视为公民与生俱来的权利，而不是对弱者的施舍。因此，社会防止不幸的集体保障更加接近于理想共同体特征，并提供了一种社会信任的基础。但是，20 世纪 80 年代之后的去管制，开启了"伟大分离"时代，成功者千方百计逃离社会责任，失败者被指责为无能力、懒惰。由之，以人际关系隔离、社会整合能力缺失为特征的"伟大分离"，最终导致社会不公平问题加剧以及修正社会不公平的手段的匮乏。

关于个体（日常生活）、技术、社会三因素之间的关系，鲍曼指出了一个有意义的区分，也就是美学共同体与道德共同体的区分①。换句话说，当今实际存在的共同体本质上是一个相对的、易变的、基于身份认同的美学共同体，而不是与社会整合有助益的道德共同体。这是由去管制化对传统规范的破坏导致的，并造成各种失范。

具体体现在以下三个方面：

（1）放松管制和去管制化的目的，是巩固技术在社会中的决定地位，都是为后福特主义时代逐利机制开辟道路的。这一点上，鲍曼与前述各位作者的理解没有什么不同。他征引 Goux、布尔迪厄等的看法②，认为资本主义要创造剩余价值，首先需要创造充足的欲望，对消费及其偏好的控制成为生产的前提。其次新品位创造开始取代规范管制、监督，这种控制的实质就是打破传统规范的约束，其最终结果是过剩与浪费的再生产：逐利导致的生产供给过剩被浪费取代，过剩和浪费成为进一步扩大再生产的前提。一旦过剩成为规范，就没有什么是过分的了，当然，这是就生产控制消费的意义上来说的。

（2）去管制下的规范由利益主导，无论是持文化多元主义主张还是对实际存在的共同体的追求，实质上都是以各种借口逃避责任，即自己对自己负责，自主选择但是后果自负。这一点上，鲍曼类似于前文所述 Bresser-Pereira（2017）的认识——新自由主义是一种倒退，从失范的意义上来讲，就是道德共同体退化为身份认同或美学共同体。

---

① 齐格蒙特·鲍曼. 共同体：在一个不确定的世界中寻找安全［M］. 欧阳景根, 译. 南京: 江苏人民出版社, 2003: 69-88.

② Goux J. J. Symbolic Economies: After Marx and Freud［M］. Trans. by Jennifer Curtiss. Ithaca, NY: Cornell University Press, 1990: 200-202.

皮埃尔·布尔迪厄. 区分：判断力的社会批判［M］. 刘晖, 译. 北京: 商务印书馆, 2017: 417-508.

（3）两类共同体存在本质的不同。体现在以下两个方面：一是身份认同只是强调由思想或行为相似的个体组成的共同体，这种"共同性"的共同体，可以任意取消或放弃身份认同，解散与构建一样容易，共同体处于不断的变动之中，这种易变没有止境。鲍曼对此给出的例子是①：娱乐业中的身份认同—美学共同体需要。其中，美学意义、名人效应是主导因素，体验、说服与偶像需要不断被创造。二是与之不同，道德共同体需要长期承诺。这种共同体建立在不可剥夺的权利和责任之上，制度化、预期确定和安全感是其核心特征。这里，对未来的规划和风险分担是一种承诺，保证其成员享有避免错误与灾难的共同体保障。典型如资本主义黄金时代的社会保障体系，当然还有家庭、企业以及其他民间机构提供的保障。

对于社会规范和保障机制的建设，鲍曼认为应当在平等名义下表达再分配要求，这也是解决个体理性与社会发展矛盾的有效途径。承认个体平等参与社会互动的权利，把个体发展置于"社会公正"框架内，可以缓和自我维系的相互加剧的敌意。这是逆转城市化过程中社会排斥、不确定和不安全感的重要机制②。

三、均衡社会准则之三：承认集聚的综合性和城市作为多元福利组合存在

20 世纪 80 年代以来的放松管制，造成就业不安全、不平等增加以及经济对社会的脱嵌，2008 年金融危机是这段时期发展失调的集中爆发。而且，逐利动机所造成的危害，进一步被经济服务化和老龄化所施加的不确定放大，于是，各国为应对风险而产生的自动的社会保护也内在地出现了。实际上，这种反向运动在 20 世纪 90 年代早期就已经出现，不仅是发达国家，还包括拉美、亚洲等广大发展中国家。这个反思过程中，欧洲高福利国家在尽力维护黄金时代社会安全理念的基础上，积极探索有利于未来效率—福利动态平衡的改革，广大发展中国家则不断拓展社会保护网。

在道德共同体的重构方面，福利国家理论坚持传统的规范原则：平等、正

---

① 齐格蒙特·鲍曼. 共同体：在一个不确定的世界中寻找安全［M］. 欧阳景根，译. 南京：江苏人民出版社，2003：69-88.

② 齐格蒙特·鲍曼. 共同体：在一个不确定的世界中寻找安全［M］. 欧阳景根，译. 南京：江苏人民出版社，2003：93-94.

义、共同体、安全和信任，构成社会团结的基础（Petersen，2012）。这种一般原则不是福利国家体制发展的结果，而是控制自私冲动的基本前提。作为一种政治安排，福利制度应该惠及所有个体的基本需求，具有综合性、普遍性。在制度建设方面，各国历史和文化价值的差异，导致不同福利组合模式产生，但是总体来看，其基本框架由国家、市场和家庭三类制度互补而成；最近二三十年来，自由市场经济风险所激发的反向运动，也推动了民间福利组织的发展，以弥补基本构架的不足。图 3-7 是基于发达国家经验的福利组合模式（Rose，1986；Esping-Andersen，1990），在这个基本框架内，纳入合作社、互助组织、社团等"第三部门"的福利多元组合模型，Evers 和 Laville（2004）的文本中得到了系统说明①。对于福利组合模式及其扩展，由家庭、市场（企业）、国家构成的福利组合模式中，存在两层关系：一是制度互补性。家庭作为自足的服务生产消费单位，提供照料服务；国家作为再分配的主要来源，提供制度化或财政化的服务，如教育、社会保障、医疗以及社会支持政策等；家庭—市场（企业）关系方面，主要是货币化的交换，典型如劳动力市场、商品市场的交换；家庭—国家关系方面，主要是权利、义务的再分配；家庭—市场（企业）—国家关系方面，主要是收入增长、税收调节、基础设施保障、效率维持等。二是劳资谈判和妥协程序的嵌入，并据此形成利润分享的家庭—市场（企业）—国家三方伙伴关系，这是福特制的内核。三方伙伴关系的互补状况随着不同国家的文化和价值观念而变化，由此形成多种福利国家模式：根据 Esping-Andersen（1990）的分类，典型如自由主义的福利国家、社团主义的福利国家以及社会民主国家。②

从社会权利确立的角度来看，福特主义把工业化与工人的政治参与结合起来，形成了一套有利于就业安全和社会稳定的对话机制。但是，由于这个时期迅速完善起来的社会保障提高了社会成本和生产成本，加之石油危机冲击，最终使传统福利国家模式难以为继。福利国家转型过程中遇到了两难：一是后福特主义时期的经济自由化带来了更大的不平等和经济社会不稳定，二是为了应对宏观不稳定，发达国家不得不维持传统福利组合这个共同体内核，于是产生了效率—福利动态平衡的路径探索。为此，以新组织面貌快速成长起来的合作、互助、社团

① Evers A. , Jean-Laville. The Third Sector in Europe［M］//Evers A. , Jean-Louis L. Defining the Third Sector in Europe. Cheltenham/Northampton：Edward Elgar，2004：11–42.

② 袁富华，李兆辰. 嵌入、调节与治理：历史时间与现代化路径［J］. 经济与管理评论，2021（2）.

袁富华. 分享与人的发展：规范化理论视角［J］. 中国特色社会主义研究，2021（1）.

等"第三部门"自动嵌入传统福利组合，以求得不伤及效率的前提下，弥合社会团结缺失的机制和环节。第三部门的成长丰富了多元伙伴关系，重视个体的"公民"身份而非纯粹的交换关系，[①] 从而有利于实现多种经济社会目标平衡，增强社会凝聚力和个体安全感。

四、均衡社会准则之四：效率、效能与一体化

这个准则是从社会治理角度来讲的。图3-8来源于袁富华（2021），但是此处为了突出治理准则，我们只是关注福利组合中经济社会整合或一体化的含义。为此，我们回归到利益取向—社会价值取向的有机统一中，鉴于工具理性或逐利动机具有风险累积的危险倾向，长期中，社会发展可视为抵消经济脱嵌危害的重要途径。福利组合的一体化治理方面，简要提示以下三点：

（一）社会价值或者文化规范的变化，是社会转型的主要标志

这是规范主义的基本观点，也属于社会理论中的发展主义观点。对此，我们可以继续征引前文提及的 Bresser-Pereira（2017）文献，其贡献是把长期资本主义现代化过程分为两类范式和四个阶段，如表3-1所示。两类范式是发展型资本主义、经济自由主义，这种范式区分就是基于文化规范的差异。分别归属于两类范式名下的四个阶段是：①发展型资本主义包括了第一阶段的重商主义和第二阶段的福特主义，黄金时代的社会保障、安全和确定，成为怀旧的象征。②自由资本主义包括了早期产业资本主义、后福特主义时期的食利者—金融家资本主义。虽然都被记在自由主义的名下，但是这两个阶段范式不同，更别说与黄金时代的制度差异了。尽管植根于趋利动机之上，但第一阶段的自由主义由产业发展提供基础。并且就像波兰尼所说的那样[②]，面对自由市场经济带来的冲击，社会保护的反向运动内在地生成，这个时期也是政治权利和社会权利的确立时期。但是，后福特主义时期的自由主义退化为金融家和食利者主导，去管制化导致经济脱嵌于社会，其后果集中表现为2008年金融危机。危机之后，世界各国试图重塑有利于效率—福利平衡的价值体系，传统道德共同体的复归及其适应性改造正为各

---

① 请参见佩鲁（1987：前言第8页）的一个类似观点：以当代各种经济学为基础的"哲学"，反映了一种交易心理，这种心理破坏了人们之间的伙伴意识，随之破坏了一些哲学和宗教尤其作为人性来看待的价值观念。

弗朗索瓦·佩鲁. 新发展观［M］. 张宁，丰子义，译. 北京：华夏出版社，1987.

② 卡尔·波兰尼. 巨变［M］. 黄树民，译. 北京：社会科学文献出版社，2017：198-202.

国付诸实践，发达国家努力方向在于建设瞄向未来的福利国家，而发展中国家则试图进行更加综合的、整体的、内生的新发展主义实践①。

表3-1 资本主义的两种形式及发展阶段

形式	时期	发展阶段
发展型资本主义	16~18世纪	重商主义（发展主义第一阶段）
	1940~1979年	黄金时代资本主义（发展主义第二阶段：社会发展型资本主义）
	1929~1940年	危机与过渡
自由资本主义	1834~1929年	产业资本主义
	1979~2008年	食利者—金融家资本主义
	2008年至今	危机与过渡

资料来源：笔者根据 Bresser-Pereira（2017）整理。

（二）整合或一体化是经济社会协调发展的核心

这种规范主义认识，是对于社会发展和转型过程中连续和稳定的维持来说的。作为现代化的动员力量，城市化的首要任务是推动整体社会发展，这是不言而喻的。关键问题在于城市化过程如何实现协调的均衡或稳定，并以此获得经济社会发展持续提升的动力。就连续和稳定来说，社会理论的一个良好传统，在于重视社会规范的价值取向与纯粹工具化的利益追求的有机统一，因此，均衡社会的参照点是规范模式的维持。就发展来说，城市化以人的发展和良好社会组织的不断完善为标志，包括信任、平等、民主、秩序、增长可持续等一系列更高质量的社会价值，在城市化过程中不断得到完善，以此获得社会凝聚力。一体化的主要功能，在于保持子系统之间和子系统内部的有机统一，据此达成共同体。运用法律、文化、中介组织促进家庭、市场、国家之间整合的机制，简要提示有三个方面（袁富华，2021）：一是通过制度化和社会化，形塑特定时期经济社会发展模式。典型如法律体系、社会保障体制、劳动市场体制完善等。二是通过中介组织的发展，弥补市场、非市场（国家）和非货币（家庭）制度的缝隙，保持经济社会发展与转型的稳定、连续。三是鉴于制度化与中介组织自身的规范、团结特征，一体化有助于推动分享与合作机制的巩固。

---

① 佩鲁（1987），180。弗朗索瓦·佩鲁. 新发展观［M］. 张宁，丰子义，译. 北京：华夏出版社，1987：180.

（三）效率、效能是治理的关键

具体到治理实践领域，要想使协同发展集落实、社会价值内部化于一体，就应当解决认同危机、参与危机、分配危机（曾毅，2011）。这实际上是强调国家的能动性。个体对社会的认同方面，国家应该有能力保障个体的就业安全、政治参与和分享权力，并从所尽义务中体现个人价值，既有获得感又有成就感。在国家与市场、家庭的协同过程中，效率——或者说经济增长、收入增长、就业增长等，是政府治理效能的体现，高质量的经济体系得益于高效率的行政组织与决策机制，就当代风险集聚的特征而言，为应对更加复杂的干扰和冲击，这就要求政府对社会的嵌入，以增加应对问题的灵活、综合和前瞻能力。

第四节　结论

资本主义黄金时代工业化的巨大成功，一度使技术决定论、经济决定论在理论和实践领域得到更加广泛的巩固和传播，[①] 但是，由此导致的风险累积、宏观不稳定和不安全，也激发了对现代化问题的深刻反思，于是，在后福特主义时代，文化决定论、社会决定论相应发展。这种思想的反向运动旨在揭示信任、公平等古老社会价值之于发展可持续的重要作用，无论是发达国家还是发展中国家，在面对现代化过程的累积风险时，不得不完善社会政策、调整经济政策、更新哲学认识。尽管当代社会理论已经认识到社会发展是活力之源、是内生动力培育的基础，但是我们仍然认为，在看待现代化过程的联系时，应当坚持经济与社会的有机统一，而技术决定论或社会决定论的任何片面倾向，都是有问题的。

参考文献

［1］［法］路易·阿尔都塞. 论再生产［M］. 吴子枫，译. 西安：西北大

---

① 关于这个主题的详细分析，见李三虎（2003）。另，对经济主义更加深入的批判和反思，见阿尔都塞（2019：397-433）。

李三虎. 技术决定还是社会决定：冲突和一致——走向一种马克思主义的技术社会理论［J］. 探求，2003（1）.

路易·阿尔都塞. 论再生产［M］. 吴子枫，译. 西安：西北大学出版社，2019：397-433.

学出版社，2019.

　　[2][法]让·鲍德里亚.消费社会[M].刘成富，全志钢，译.南京：南京大学出版社，2014.

　　[3][法]让·鲍德里亚.符号政治经济学批判[M].夏莹，译.南京：南京大学出版社，2015.

　　[4][英]齐格蒙特·鲍曼.共同体：在一个不确定的世界中寻找安全[M].欧阳景根，译.南京：江苏人民出版社，2003.

　　[5][德]乌尔里希·贝克.风险社会[M].何博闻，译.南京：译林出版社，2004.

　　[6][英]卡尔·波兰尼.巨变：当代政治与经济的起源[M].黄树民，译.北京：社会科学文献出版社，2013.

　　[7][法]皮埃尔·布尔迪厄.区分：判断力的社会批判（上）[M].刘晖，译.北京：商务印书馆，2017.

　　[8][美]约翰·肯尼斯·加尔布雷斯.新工业国[M].嵇飞，译.上海：上海人民出版社，2012.

　　[9][英]安东尼·吉登斯.社会的构成[M].李康，李猛，译.北京：生活·读书·新知三联书店，1998a.

　　[10][英]安东尼·吉登斯.现代性与自我认同[M].赵旭东，方文，译.北京：生活·读书·新知三联书店，1998b.

　　[11]李三虎.技术决定还是社会决定：冲突和一致——走向一种马克思主义的技术社会理论[J].探求，2003（1）.

　　[12][德]哈尔特穆特·罗萨.加速：现代社会中时间结构的改变[M].董璐，译.北京：北京大学出版社，2015.

　　[13][英]菲利普·麦卡恩.城市与区域经济学[M].李寿德，蒋录全，译.上海：格致出版社，2010.

　　[14][美]刘易斯·芒福德.技术与文明[M].陈允明，王克仁，李华山，译.北京：中国建筑工业出版社，2009.

　　[15][法]刘易斯·芒福德.城市发展史——起源、演变与前景[M].宋俊岭，宋一然，译.上海：上海三联书店，2018.

　　[16][法]弗朗索瓦·佩鲁.新发展观[M].张宁，丰子义，译.北京：华夏出版社，1987.

［17］袁富华，李兆辰．嵌入、调节与治理：历史时间与现代化路径［J］．经济与管理评论，2021（2）．

　　［18］袁富华．分享与人的发展：规范化理论视角［J］．中国特色社会主义研究，2021（1）．

　　［19］曾毅．比较政治研究中的发展主义路径［J］．社会科学研究，2011（1）．

　　［20］Bresser - Pereira，L. C. The Two Forms of Capitalism：Developmentalism and Economic Liberalism［J］．Brazilian Journal of Political Economy，2017，37（4）：680-703.

　　［21］Esping - Andersen，Gøsta. THE Three Worlds of Welfare Capitalism［M］．Princeton，NJ：Princeton University Press，1990.

　　［22］Evers，Adalbert，and Jean-Louis Laville. Defining the Third Sector in Europe［M］//The Third Sector in Europe，edited byAdalbertEvers and Jean - Louis Laville. Cheltenham/Northampton：Edward Elgar，2004：11-42.

　　［23］Goux，Jean Joseph. Symbolic Economies：After Marx and Freud，Trans［M］．by Jennifer Curtiss. Ithaca，NY：Cornell University Press，1990.

　　［24］Heiskala，R. Economy and Society：From Parsons Through Habermas to Semiotic Institutionalism［J］．Social Science Information，2007，46（2）：243-272.

　　［25］Parsons，Talcott. An Outline of the Social System［M］//Classical Sociological Theory. Edited by Craig Calhoun，Joseph Gerteis，James Moody，Steven Pfaff，and Indermohan Virk［M］．Malden，MA/Oxford/carlton，Victoria：Blackwell Publishing，2007：421-440.

　　［26］Petersen，Jørn Henrik. A Normative Theory Concerning the Welfare State and Its Inherent Dilemmas［EB/OL］．Accessed October 2012（24）2021. http：//www. eurashe. eu/library/modernising-phe/EURASHE_ AC_ Riga_ 120510-11_ pres_ PETERSEN. pdf.

　　［27］Rose，Richard. Common Goals but Different Roles：The State's Contribution to the Welfare Mix［M］//The Welfare State East and West，edited by Richard Rose and Rei Shiratori. New York/Oxford：Oxford University Press.

第四章　效率、公平与程序：以公共领域建设拓展制度韧性

第一节　引言

帕森斯基于行动结构理论对功利主义的批判以及其后社会均衡机制的探索，把社会秩序构建中的整合功能赋给社会价值规范。20 世纪 80 年代以来，去管制化和金融化主导了全球化进程，市场经济潜力在获得充分释放的同时，也导致了逐利动机失控、不平等加剧与经济危机，风险和不稳定成为这个历史时期社会科学理论的研究重心。主题有三个：一是现代性在后福特主义时期的本质变化，即乌尔里希·贝克所谓逐利动机导致的风险社会问题。二是福利国家体制改革，即资本主义黄金时代所建立的补偿、被动转移支付的社会保护和社会保障体系，转向就业激励的积极福利国家制度设计问题。三是重建社会秩序，以公共领域的构建提高制度韧性，推动权责观念回归与相应道德共同体建设。上述主题在本章中被具体化在（经济）效率—（社会）公平—（民主）商谈等相互联结的过程或环节之中，并最终归拢到公共领域的建设主题上。

为此，本章着重说明一个中心问题是：当代无论什么样的国家，在全球化、老龄化和经济服务化大趋势中，要想在城市化时期取得效率—福利动态平衡，或者说要想建设均衡社会并保持其良好运作，公共领域的建设是最为基础、关键的制度变革。高度现代化时代的国家制度竞争，归根结底在于社会空间的建设意愿、完善程度以及随着发展条件变化的改进能力。这是理解制度韧性的要点所在。换句话说，公共领域的重要性源于以下事实：社会价值的引入、价值规范对于经济社会系统的整合，均需要基于各种层次、各种类型的商谈程序，以达成最

有利于各类经济主体的一致意见或共识，这种一致意见构成了国家（政府）—市场（企业）—家庭（个体）福利组合的存在基础。进一步地，公共领域具有三个重要特征，并据此成为提升制度韧性的力量：一是宏观层面的制度互补，即与各国特定文化和价值观相关的政体、市场组织、劳动组织等互补制度，构成了政府、企业、个体三方伙伴关系的基本约束；二是微观层面的弹性，即经济主体之间在特定制度模式内所建立的交往网络和沟通机制，旨在实现个体发展和利益分享；三是最低程度的满意，即在价值多元化及其相互冲突的条件下，通过谈判达成一致。

"二战"后的高速增长时期，发达国家根据各自文化传统建立了各自福利国家模式，因此也相应地建立了各种各样的公共领域的社会制度基础：典型如欧洲大陆国家的社团主义、英美国家的第三部门、日本的企业主义等。目的都是为了以稳定的合作秩序应对市场经济冲击。20 世纪 80 年代以来这些国家的去管制化，是一次为了增加制度韧性而进行的不成功的变革尝试。2021 年，中国首次将"全过程民主"以法律形式确立下来，这可视为公共领域建设的创新，鉴于城市化时期经济社会协调与整合的重要性，吸收既有经验以完善商谈机制，是提升制度韧性的内在要求。

第二节　功利主义及其批判的评述

发达资本主义国家后福特主义时期的去管制化，使黄金时代建立起来的社会保障体系受到侵蚀，由此导致的不确定、不安全又被自由化和金融化趋势加剧，风险社会及其治理遂成为最近 40 年社会科学的主要议题，焦点在于以社会价值回归遏制失控的逐利动机，目标是重建社会均衡（袁富华，2021）。与之相关的理论争论集于功利主义反思，实践探索集于福利体制改革，这些反思和探索最终可归结为社会秩序完善，特别是以公共沟通领域的建设推动效率—福利动态平衡。

一、社会科学重建时期功利主义地位的讨论[①]

帕森斯（2003）对功利主义的批判产生了深远影响，不仅推动了新功利主义在反批判运动中兴起，也推动了规范主义向各类社会科学领域的渗透，乃至影响到当今福利国家政策设计[②]。基于目的、手段、条件、规范所构成的一般化行动理论，根据关注重点的不同，帕森斯等（1989）将利益、权利、共同价值、人格分别归类于经济、政治、社会、心理四个领域，并且提醒人们注意历史分析在这些领域中的重要性[③]。帕森斯将这种分类代入由经济、国家、家庭和价值规范子系统构成的一般社会系统分析，并根据各类系统的适应、目标满足、整合、维持能力，给出经济社会稳定状况的分析。由之，我们可以看到福利组合的理想图示，这种图示包含了公共对话领域的一些基本构件，特别是行动者或系统之间的反馈关系的构建。按照帕森斯的说法，制度规范的整合能力是关键，目的是保持社会文化价值模式在特定阶段的稳定性，因此，经济对社会的嵌入、规范对协调的疏导实际上构成了问题分析的焦点。基于这些分析，我们就能明白帕森斯批判的一个着力点，由于不能说明如何从效用中建立规范性秩序，功利主义将导致不稳定。

（1）帕森斯和威廉斯（2018）区分了心理学的享乐主义与经济学的效用最大化[④]。经济学不把快乐看成真正目的，而只是将其视为满足程度的标志。对

---

① 霍奇逊（2008：32-33）在一个影响很大的文本中指出，20世纪30年代经济学和社会学重建的两个首倡者罗宾斯、帕森斯的约定是经济学致力于研究"选择"，社会学致力于研究"行动"，他们共同致力于埋葬历史特性问题。从帕森斯的社会系统研究以及经济社会一体化理论的研究来看，帕森斯并没有忽视历史研究，因此，霍奇逊的这个评论有些武断。

杰弗里·M. 霍奇逊. 经济学是如何忘记历史的［M］. 高伟，马霄鹏，于宛燕，译. 北京：中国人民大学出版社，2008：32-33.

② 塔尔克特·帕森斯. 社会行动的结构［M］. 张明德，夏翼南，彭刚，译. 上海：译林出版社，2003：66-80，98-120，137，297，385，866-870.

Joas H. , Knöbl W. Social Theory［M］. Translated by Skinner A. New York：Cambridge University Press，2013：94-122.

③ 塔尔克特·帕森斯，尼尔·斯梅尔瑟. 经济与社会［M］. 刘进，等，译. 北京：华夏出版社，1989：18，61.

④ 这两个概念近似于斯玛特所谓的行为功利主义或者威廉斯所谓的直接功利主义。斯玛特将功利主义分为三类：边沁的享乐型功利主义、穆勒的准理想型功利主义和摩尔的理想型功利主义。享乐型功利主义只注重快乐的量或快乐的同质性，理想型功利主义关注快乐的质的差别，如求知具有独立于快乐之外的内在价值（斯玛特、威廉斯，2018：22-23、61-65、200-217、239-244）。

斯玛特，威廉斯. 功利主义：赞成与反对［M］. 劳东燕，刘涛，译. 北京：北京大学出版社，2018：22-23，61-65，200-217，239-244.

此，我们征引西托夫斯基（2008）的观点，对此稍作解释[①]：需求的满足同时产生舒适和快乐，但习惯的不同造成不同国家对待满足的态度不同，如美国人以工作后的舒适为满足，缺乏欧洲人享受生活的偏好与快乐追求。

（2）帕森斯认为，功利主义理论体系的四个特征是经验主义、原子论、合理性和目的随意性。其中，目的随意性的规定，是为了保证行动者目的选择的自主性，这样就在行动者与环境之间划分了一条清晰界限，以避免"无知"导致对合理标准的偏离。因此，合理性被提到最高的理论限度。目的与合理性两个范畴在功利主义理论中起着重要作用。

（3）基于上述认识，帕森斯的重要结论是：功利主义导致不稳定。为此，他提供了三个佐证：一是按照霍布斯的功利主义假设，一个完整的行动体系将会成为战争状态，这根本不是秩序，而是混乱、孤独、贫困、野蛮和无常。二是洛克对合理性给出了这样的限制和规定：承认人人平等、独立，承认人们之间相互的义务、权利，从而承担起眼前利益的牺牲、保证长远目标。但是，这种利益天然同一性有些想当然，人们之间的目的仍然是缺乏联系的，从而不能说明社会秩序如何建立。三是马尔萨斯认为，竞争不是无条件的善，只有在适当的制度范围内才是如此。如果不对人口增长加以控制，个人主义和竞争将导致战争状态。这种思想实际上包含了社会秩序的萌芽。

二、传统功利主义伦理学及其矛盾

在很大程度上，功利主义概念认识上的混乱，来自经济学对效用问题的有局限的理解，主要是精打细算或最大化分析中的应用，由此导致功利主义被简化为个人利益的追逐。尤其在主流经济学方法向其他学科渗透的情况下，功利主义的传统伦理学色彩逐渐褪去。佩鲁（1987）对此有一个精彩评论[②]：当前的经济学思维正举步维艰地摆脱着一经产生就泛滥开来、现已堕落成同其原始形态大相径庭的粗俗享乐主义和个人功利主义。以当代各种经济学为基础的"哲学"，反映了一种交易心理，这种心理破坏了人们之间的伙伴意识，随之破坏了一切哲学和宗教尤其作为人性来看待的价值观念。为此，佩鲁呼吁回到基于价值观念和社会稳定的穆勒（2008）的功利主义上去，弱化那种美国式的粗制滥造的功利主义。

① 提勃尔·西托夫斯基. 无快乐的经济：人类获得满足的心理学［M］. 高永平，译. 北京：中国人民大学出版社，2008.

② 弗朗索瓦·佩鲁. 新发展观［M］. 张宁，丰子义，译. 北京：华夏出版社，1987：8.

佩鲁"以人为中心"的主张，符合功利主义伦理学的本意。穆勒之后的功利主义者，尽力将利己的快乐主义从边沁的功利主义学说中剥离出去，而将"绝大多数人的最大利益"保留下来作为行为对错标准，穆勒所宣称的功利主义原则是：构成功利主义行为对错的标准，不是行为者本人的幸福，而是所有相关人员的幸福——即个人利益与社会整体利益和谐一致①。也正是因为如此，西季威克将这种体现"最大幸福原则"的功利主义称为普遍快乐主义或功利主义，以区别于利己的快乐主义②。在个人利益如何与社会整体利益一致的问题上，西季威克（2020）对穆勒没有完成的论证给出了补充，这个思路是：从普遍观点来看，利己主义者的幸福不可能比其他人的幸福更重要，这样他就可以从自己的原则出发，被引导接受普遍幸福作为值得追求的目的，或者对利己主义者指出遵守或违反规则将导致的快乐或痛苦后果，让其把"最大幸福原则"当作获得自己幸福的手段。于是，社会与政治决策系统中的功利主义立场是：一个组织良好的社会中最重要的行为规则是由法律制定推行，不那么重要的行为规则由道德维系，法律是社会秩序的构架，道德则给予其血肉，功利主义与规则是交织在一起的。但是，正如斯玛特和威廉斯（2018）所说的那样：存在一些强有力的理由，认为功利主义的盛行可能是一场灾难，理由有三个：一是人类社会交往中所赞美的许多品质明显不是功利主义的，即除了较为基本、较低位序的需求之外，还存在智识、文化或创造品质的追求与利益；二是为避免冲突、增进合作以稳定社会，需要非功利主义的制度安排以限制个体功利主义动机及其危害；三是具有明显功利主义倾向的政府，可能导致对公共需求不予理睬，社会与制度缺乏公开性。为此，威廉斯得出结论说，功利主义提出的许多重要问题，应当在比功利主义更有意义的语境中深入探讨，功利主义消失的日子不会太远了③。当然，他所谓的消失，旨在强调不应该将功利主义过度应用于道德规范相关的社会价值领域。由此，我们再次回到帕森斯的主张上来：经济理论的着眼点，集中于手段、目的关系中的一个主要的小部分，即稀缺资源当中对稀缺手段进行分配的问题。由此，经济效用的地位得到确立，尽管效率和利益追求的稳定性，需要其他非功利的手

---

① 约翰·穆勒. 功利主义 [M]. 徐大建, 译. 上海: 上海人民出版社, 2008: 17-18.

② 亨利·西季威克. 伦理学方法论 [M]. 廖申白, 译. 北京: 商务印书馆, 2020: 122-123, 157-160, 480-484.

③ 斯玛特, 威廉斯. 功利主义: 赞成与反对 [M]. 劳东燕, 刘涛, 译. 北京: 北京大学出版社, 2018: 22-23, 61-65, 200-217, 239-244.

段、目的给予支持。

三、人格完整性、人的发展与社会价值回归

佩鲁的"以人为中心"的新发展观，试图把社会价值从退化的功利主义环境中拉回来。在他看来，资本主义工业化和知识技术水平的提高，并未伴之以伦理教育发展。在致富已经成为目的本身的情况下，穆勒的道德原理丧失了实践意义。而美国生活方式的传播，在助推经济主义的同时，也颠覆了人们的观念，利益至上促使社会价值贬值，加速了传统功利主义蜕变为粗俗的享乐主义。这种蜕变改变了形塑人格和社会结构的动力基础，典型表现为：在资本主义生产体系控制消费体系以维持再生产循环的现实条件下，广告、时尚充当了消费偏好创造的主要工具，这种技术路径本身蕴含了生产和消费不稳定。也就是说，技术或经济发展自身，不能创造稳定的社会秩序与完整人格。反映到人的发展问题上，就是理斯曼等（1988）所谓他人引导型社会中个体自主性受到抑制，个体对安全感的需求以及顺从于同侪群体，成为社会不稳定的表现①。可以这样说，随着需求层次的上升，个体与社会的联系将越来越紧密。按照马斯洛（2016）心理需求动力学观点，需求的满足是按照顺序进行组织的②：生理需要尚未得到满足时，将作为"优势需要"主宰个体行为，迫使所有能力为满足这一需要服务；低层次需要得到满足后，高级层次的"优势需要"出现并组织个体行为，如此螺旋上升。具体地，社会个体的人格沿着生理需要满足、安全需要满足、归属和爱的需要满足、自尊需要以及自我实现需要满足等心理历程成长发展。这些需要不能相互替代，因此社会的发展状况会直接影响到人格的完善。马斯洛的心理结构理论反对简单的还原论、原子论，给予"文化"这个一度被本能主义和行为主义假设所忽视的因素应有的理论地位，强调人的生理性和文化性是人格中不可约化的基本方面，即从人和环境的相互作用来看，虽然人首先作为生物个体而存在，但是人的生理因素却不可能产生文化因素，而已经形成的社会制度因素也不可能还原为纯粹的生理因素。马斯洛的心理结构理论可以视为对功利主义心理学基础的超

---

① 理斯曼等（1988）对人格的分类是传统引导型（来自礼仪、宗教和习惯），内部引导型（来自家庭内部影响，文艺复兴至"二战"前），他人（或外部）引导型（"二战"后）。

理斯曼，格拉泽，戴尼. 孤独的人群——美国人性格变动之研究［M］. 刘翔平，译. 沈阳：辽宁人民出版社，1988.

② 亚伯拉罕·马斯洛. 动机与人格［M］. 许金声，等，译. 北京：中国人民大学出版社，2016：18-41，59-70.

越，这种认识的深化表现有以下三个方面：一是在社会化方面，至少从个体安全需求这个层次开始，马斯洛理论给出了个体嵌入社会的机制分析。二是在制度化方面，教育、文明、理性等应当被看成担负起保护、促进和鼓励人的发展的功能。三是在一体化或整合方面，优势需求变化的利益基础是消费恩格尔定律和生产结构升级模式，涉及"国家—市场—家庭"福利组合的建立及其完善，也就是说，社会稳定需要一个公共对话机制以达成利益和社会价值的统一。

第三节　社会秩序：公共领域与制度韧性

公共领域之于社会稳定的重要性①，是从福利—效率动态平衡的意义上来说的。换句话说，即使像帕森斯那样将逐利动机限制在经济领域，但是功利主义的地位也需要从其与社会价值的协调中才能获得正当性。协调过程本身即建立"国家—市场—家庭"三方商谈框架，以便在明晰政府、企业和个人权责的基础上，就利益分享、文化价值分享上达成一致意见。

一、公平与效率

效率与公平的位序排列上，按照斯玛特的意见，功利主义将幸福最大化置于公平分配之前，或者我们通常所谓效率优先于公平。罗尔斯（2019）对此提出了相反的建议，并尝试以一种自由主义契约论（或者斯玛特称之为"限制性的义务论"）取代功利主义，他给出了如下理由②：在西季威克那里得到最系统阐述的古典功利主义，其主旨是——如果一个社会制度安排能够最大化个体和总体满

① 哈贝马斯（2014：445，460）对公共领域的定义是：像行动、行动者、团体或集体一样是一种基本的社会现象，但无法用表示社会秩序的那些概念来把握。公共领域不能被理解为建制，当然也不能理解为组织。公共领域最好被理解为一个关于内容、观点或意见的交往网络，在那里，交往之流被以一种特定方式加以过滤、综合，从而成为根据特定议题集束而成的公共意见或舆论。公共领域是一种交往结构、一种交往行动中产生的社会空间，根据商谈组织形式可分为有组织的公共领域和非正式的公共领域，根据交往范围可分为国际、全国、地区、社区、亚文化的公共领域，根据功能或议题可分为各类专业化的公共领域等等。

哈贝马斯．在事实与规范之间［M］．童世骏，译．北京：生活·读书·新知三联书店，2014：445，460．

② 约翰·罗尔斯．正义论［M］．何怀宏，何包钢，廖申白，译．北京：中国社会科学出版社，2019：21-32，193-199，298-303．

足，那么这个社会就是被正确组织来的，因而也是正义的。由此，功利主义的突出特征，在于直接涉及个体如何在不同时间分配他的满足，但不关心满足的总量如何在社会个体之间进行分配。这就造成了一个理论问题，即原则上没有理由否认一些人分享了较大利益而另一些人被剥夺。为此，罗尔斯给出了其公平优先的位序排列：

（1）第一原则：自由优先性。即每个人对于所有人拥有的最广泛平等的基本自由体系相容的类似自由体系都应有一种平等权利。

（2）第二原则：公平优先于效率（或差别）。社会和经济的不平等应当这样安排，使其适合于促进最少受惠者的最大利益，并且在机会公平的条件下把职务和地位向所有人开放。

于是，罗尔斯认为公平正义在以下方面与功利主义有重要区别：公平正义属于义务论，一个正义的社会体系确定了一个范围，个体必须在这个框架内确定自己的目标，同时，社会也提供了一个权利、机会和满足手段的结构，人们可以在其中公平地追求目标[①]。基于这种认识，罗尔斯设想了实现一种满足公平正义原则的制度安排——纯粹程序的正义，其支撑点是责任、权利和立宪民主制度，包括以下四个阶段：第一阶段，基于上述公平正义两原则，设计一种正义程序，即确保产生正义结果的民主制度；第二阶段，从正义的、可行的程序安排中，挑选出那种最能导致正义的有效的立法程序安排，以便后续将被制定的规则（正义的结果）与正义两原则一致，而不是与功利主义原则一致；第三阶段，最佳法规的确立；第四阶段，法规的应用与遵循。这种程序正义在政治经济学中的应用，就是国家或政府保障分配正义方面的制度安排，包括代内转移支付与代际可持续。但是，关键问题是：如何形成最佳符合公平正义的规则？这涉及公共领域的建设问题。

二、沟通与共识

对于罗尔斯（2019）所设想的为了达到某种预定正义结果的程序设计，哈贝马斯（2014）持相反态度，他认为，这种正义不是纯粹的程序正义，而是受到先在价值（自由、平等或权利等）判断限定的实质正义。为此，哈贝马斯主张，

---

① 功利主义只是简单把适合于个人最大化满足的原则推及社会总体，或者社会福利是个体福利的简单加总，以此理解约束性的社会秩序。

真正的正义应该首先是程序正义、把实质性判断留给参与者在辩论中寻找，合法民主程序优先于自由权利，这个排序正好与罗尔斯公平正义第一原则相反。当然，罗尔斯的反驳也值得重视，他认为不可能离开实质性的价值判断谈论程序设计问题，否则程序正义将是空洞的①。暂时撤开这些为了突出各自理论特色而多少有点各执一词的倾向，此处，我们重点对哈贝马斯的理想商谈情景和公共领域进行考察，旨在说明这类程序主义方法在构建制度韧性中的重要性②。

（1）商谈原则。应当确保一种没有强制的同意，即通过一种公平的调节程序使谈判发生效力。只要关于妥协的谈判，是基于确保所有利益相关者以平等参与的程序进行的，只要谈判允许参与者都有平等机会彼此施加影响，那么所达成的协议就被认为是公平的。因此，这种程序把每个参与者利益平等的考虑，理解为不同参与者之间的程序公正的协议的问题，而不是简单的相互理解的问题。同时，只有一切商谈方案与道德上得到辩护的东西保持一致，才能保证商谈原则得到尊重。

（2）公共领域。在哈贝马斯的交往理论中，个体的生活世界分为两类，即私人日常交往领域和交往行动产生的社会空间。公共领域是这样的一种社会秩序：一个关于内容、观点——即意见——的交往网络，交往之流在其中以特定方式过滤和综合，形成公共意见或舆论。因此，就像整个生活世界一样，公共领域也是通过交往行动得到再生产。据此，哈贝马斯对市民社会给出了一种更加切合历史和现实的解读，并认为：构成其建制核心的，是一些非政府、非经济的联合和资源组织，它们是公共领域的交往结构，且扎根于生活世界的社会成分之中。组成市民社会的是那些社团、组织和运动，它们对私人生活领域的要求加以筛选，引入公共领域进行商谈，旨在解决公众关切的问题。

（3）社会整合与社会秩序重构。哈贝马斯的公共领域理论提供了一种开放式的互动、整合和秩序机制，这种机制无疑有助于缓和唯功利原则所带来的异化和不稳定（任岳鹏，2009）。重要的一点是，开放的互动过程在把主体之间的异议呈现出来的同时，也为不确定性的互动过程最终达成确定的共识——或者有限理性条件下得到满意的结果提供了机会。因此，就福利国家的生产者、消费者和国家的协调行动而言，公共领域的完善直接涉及了效率—福利动态平衡路径的

---

① 哈贝马斯：协商对话的法律［M］．任岳鹏，译．哈尔滨：黑龙江大学出版社，2009：167-173.
② 哈贝马斯．在事实与规范之间［M］．童世骏，译．北京：生活·读书·新知三联书店，2014：444-476.

构建。

三、与公共领域议题相关的制度韧性理论脉络

系统理论将制度韧性的内容定义为持续性、适应能力和可转变性①。这个界定与帕森斯和哈贝马斯理论中的系统功能要求——适应、目标实现、整合和维持——是一致的。随着福利国家模式对更加复杂的权利关系和商谈过程的纳入，具体到公共领域的构建，与制度韧性有关的理论范式大致分为以下四类（Kramer，2004）：

（1）公共服务的政治经济学理论。这种理论中的"政治"是指权力及其合法性的获得与维持，目标与任务实现，治理与监督系统建立等过程；"经济"指的是为组织的生产提供所需资源的分配过程。这些过程涉及了一个相当广泛的交往网络，即各种组织、利益群体、利益相关者的相互依赖。理论的关注重心是，随着教育、健康、社会保障等公共服务要求的提高，协调、规划、协商在政策制定中的作用凸显。为了保持自主性，各个利益群体运用竞争或合作策略，获得支配资源的力量。制度规则不仅体现为不同利益群体协商的结果，而且体现为差异化的权力控制力量，权力和经济关系的变化决定了政策选择。

（2）市场经济的生态位理论。这种理论将公共部门、私人部门和第三部门（非营利组织），作为市场经济相互联系的三个生态位。两个基本前提：一是系统内部存在抵制变化的惯性力量，二是外部环境的不确定，使系统存在变化的可能。在这些前提下，基本假设是大系统中的种群具有相似的生物学行为。这种理论集中于甄别组织在长时段中的产生、发展、老化的生命周期规律，推动变化的四种动力是竞争能力、合法性、老化状况和外部环境约束。此外，历史的和社会的力量，用于解释特定国家内公共部门、私人部门、第三部门的具体形式。

（3）新制度主义理论。新制度主义运用于公共领域分析的基本假设是：制度结构、生态位结构比产权形式更加重要，公共部门、私人部门与第三部门形成相互嵌入的制度互补关系，不同利益群体存在于纵横交错的社会组织网络之中。新制度主义理论由多种不同的研究视角构成，各种观点对待正式结构与非正式结构、变化与稳定、理性与规范的态度各有侧重。主要观点有五个：一是尽管国家和意识形态下的一些制度不是最优，但是仍然得到维持；二是尽管产权形式不同，但大多数在组织面对相似问题的时候，有着相似的反应；三是结构和绩效由

---

① 高培勇，等. 经济高质量发展理论大纲［M］. 北京：人民出版社，2020：250-251.

纵横交错的组织网络塑造，这些网络的作用是寻求资金、确立目标、实施规制；四是产业间不同的规制程序，反映了政治、经济、组织安排的不同；五是在现代社会中，提供制度化规则的源头是国家、职业、公共舆论、产业内组织网络。

（4）福利组合理论。20世纪80年代中期以来逐步引入福利国家模式分析，且至今在各类社会科学中受到广泛重视。这种分析建立在构成福利国家制度基础的四类部门的相互联系之上：即国家、市场、家庭和自愿组织（或第三部门），它们构成多元福利组合框架，并基于各国政治文化差异而形成当代不同的福利国家模式。接下来的分析，据此就公共领域的内涵给出进一步说明。

四、福利组合框架中的公共领域

首先，需要明确的是，20世纪80年代以来新一轮全球化所奉行的自由市场经济理念，导致了经济对国家和社会约束的脱嵌，逐利动机最终演变成金融化的资本主义。因此，与1834~1929年有助于释放产业活力的那种自由市场经济有着本质区别（袁富华，2021）：这个时期的理论反思、政策实践大多着眼于重建社会秩序以缓冲市场经济失控的危害。其次，公共领域的创造，旨在探寻经济对社会和国家重新嵌入的方案。一个不可否认的事实是，至少从"二战"后资本主义黄金时代社会保障体系迅速完善开始，单纯"守夜人"的国家角色已经发生了重大改变，国家对各种事务的参与和干预增多，Evans（1992）称为"嵌入自主的国家"，米格代尔称为社会中的国家①。最后，理论上对国家作用的重视，不是无条件地反对功利主义，而是根据福利国家的发展条件变化，重新评价逐利动机的合理性，在规范化的基础上提升效率—福利协调的弹性，目的是让利益与社会公平回到协调、稳定状态上来。为此，我们把这种认识概括为三个机制：

（1）制度互补。这是就宏观制度层面而言的，对象是各类制度成分或制度形式的组合，由之塑造出各种各样的福利国家模式。制度互补的作用表现在以下两个方面：一是有利于资本主义积累体制的稳定，或者说良好社会秩序的建立；二是有利于报酬递增机制的创造，或者说通过有利于调动人们参与经济活动。这

---

① Haggard S. , Kaufman R. R. The Politics of Economic Adjustment［M］//Evans P. The State as Problem and Solution: Predation, Embedded Autonomy, and Structural Change. Princeton University Press, 1992: 18-181.

乔尔·S. 米格代尔. 社会中的国家［M］. 李杨，郭一聪，译. 南京：江苏人民出版社，2013：211-213.

个原则的内涵，在调节主义和福利国家理论中得到了较为系统阐述。以调节主义为例，将总体积累体制分为五类制度形式——即劳资关系、市场竞争、金融制度、国家形式和国际关系，认为劳资关系的良好组织，对于资本主义生产和社会运转具有决定作用。五类制度形式的不同组合，形成了当今不同现代化模式，典型如英美自由主义福利模式、欧洲大陆社团主义福利模式、北欧社会民主福利模式、日本企业主义福利模式等。

（2）弹性。这是就微观行动主体层面而言的，对象是各类行动者或者各类经济主体，通过主体间的沟通、协商，在特定制度模式内建立交往网络、拓展公共领域，实现个体发展和利益分享。这个原则的内涵，在"国家（政府）—市场（企业）—家庭（个体）"福利组合理论中得到了比较系统的分析。包括两类文献[①]：一类是 Rose 和 Shiratori（1986）关于国家、市场和家庭三方福利组合的分析，即社会总福利不应简单理解为由哪一类或者主要由哪一类行动单位提供，而应理解为由国家、市场、家庭联合提供，具体提供方式由福利国家模式决定。基于这个三方伙伴框架，Evers 和 Laville（2004）通过纳入"第三部门"（如合作社、互助组织、社团等）进行了拓展，其重要理论价值在于：超越了原有框架偏重于福利水平的局限，赋予其交往、商谈的制度含义。另一类是国家法律、市场惯例和家庭习俗作为通常的规范，在发挥重要约束作用的同时，也具有变化缓慢的惰性，第三部门的引入不仅作为规范约束的补充，而且以其灵活性增加现有制度韧性。

（3）满意。Simon（1983）的有限理性理论认为[②]，现实中广泛存在的不确定性，使行动最优结果几乎不可能。在价值多元化及其相互冲突的条件下，甚至明确定义"最优"都行不通。面对这种困难，要想对不同诉求和不同价值进行协调，比较简便可行的方式就是追求最低要求的满意结果（Satisficing Point of View）：选择足够好的方案，而不是在唯一最优上钻牛角尖。这是一种大多数人能够给予支持的选择。也许正是由于有限理性，国家—市场—个体三方才有必要建设公共领域，以便在特定约束下寻求妥协和满意，即效率—福利的动态平衡。

①　Rose R. , Shiratori R. The Welfare State East and West［M］. Oxford：Oxford University Press, 1986：13-36.

Evers A. , Laville J. The Third Sector in Europe［M］//Evers A. , Laville J. Defining the Third Sector in Europe. Edward Elgar, 2004：11-38.

②　Simon H. A. Reason in Human Affairs［M］. Stanford University Press, 1983：85.

第四节　公共领域：体现在福利国家模式中的几种形式

现代公共领域的构建与福利国家体制密切相关，制度互补的不同方式生成了不同福利国家模式，并随着发展环境的变化而不断调整。并且，发达国家现有制度模式，也是传统和现代经验相互融合的结果，这里对三类有特色的沟通机制给出分析，它们分别代表了三种福利国家体制的主要特征以及制度韧性的塑造方式。

一、欧洲大陆的社团主义：缓和利益冲突

社团主义（Corporatism）作为渊源有且影响甚广的一种发展模式，威亚尔达将其视为与自由主义、马克思主义并列的意识形态（Wiarda，1978）。从文化传统和意识形态发生发展的历史来看①：商业资本主义以前的社团理念主要源于古希腊—罗马秩序等级观念、基督神学互助友爱和公平正义原则以及对现代社团具有决定影响的中世纪同业公会（Guild）。同业公会的一些要素——如对经活动的支持和规制，对雇主、工人相互权责的规定，初步具备合作对话的雏形，并与家庭、教会等其他共同体一道，创造出限制国家权力的机制。20世纪30年代，随着劳动力市场、金本位制、自由贸易三原则的确立，自由市场经济在推动产业资本主义财富积累的同时，也导致经济脱嵌于社会的风险累积，相应地出现波兰尼所谓社会保护反向运动②，于是，社团组织的现代化过程随之发生，且经过百余年发展，最终孕育出各类福利资本主义模式并缔造出20世纪50～70年代的黄金时代。用威亚尔达的话来说就是，作为缓和阶级冲突、解决社会问题的办法，新社团组织有必要在国家规制的情况下把新中产和无产者一并纳入进来的同时，保留传统制度中的有用成分。这里提示以下三点：一是19世纪下半叶，社团主义已经与社会团结原则结合在一起，对资本责任和利润分享重要性的认识逐渐清晰，旨在抑制社会原子化和无节制竞争造成的危害。1884年弗莱堡会议，首次

---

① 资本主义定义及其发展的历史阶段，见科卡（2017）。他大致以工业革命作为商业资本主义和产业资本主义的分水岭。
于尔根·科卡. 资本主义简史 [M]. 徐庆，译. 上海：文汇出版社，2017.
② 卡尔·波兰尼. 巨变 [M]. 黄树民，译. 北京：社会科学文献出版社，2017：203-222.

将社团主义定义为"各种利益共同体构成的社会组织系统，作为国家机体的组成部分，基于共同利益指导、协调劳资关系"。二是 19 世纪最后 20 年发生的两大变化是：福利国家出现、工会在社会合作关系的地位确立。由此，劳动、资本对等谈判成为所谓组织化、合作式资本主义的重要特征。三是"二战"后，尽管一些社团组织撤销，一些社团组织更名，但是其政治文化传统一直存在，尤其是在自由主义实验遭遇失败时，往往点燃社团主义复活倾向。总之，社团主义的目的是寻求经济利益与道德规范的和解，其组织功能在于促进共担义务与协商合作，避免阶级冲突；劳资双方的权利建立在相互尊重基础上，且置于合法框架之下，最终形成基于共同利益的国家、企业、个人伙伴关系，福利国家良好运转即建立在这种公共沟通领域之中。

二、自由主义福利国家的第三部门：在市场和国家之间寻求平衡

按照 Evers 和 Laville（2004）的理论，上文讨论的社团主义是"第三部门"在欧洲大陆的主要表现形式。他们对第三部门作如下界定和说明：除了市场经济中的私人部门（包括企业和家庭）和非市场经济中的公共部门之外的社团、自愿组织和非营利组织，并作为公共领域一个重要组成部分存在。于是，在国家（政府）—市场（企业）—家庭（个体）福利组合中，市场承担了供求激励的功能，国家承担了再分配功能，第三部门承担了基于互惠的社会团结功能。第三部门对经济社会的嵌入，在扩大社会联系网络的同时，也拓展了公共对话机制，提高了社会协调、保护与稳定。因此，第三部门的开放性、多元性，与国家、市场、家庭联系的广泛性，在很大程度上弥补了市场失灵和政府失灵。特别是英美等奉行自由主义传统的福利国家，第三部门的发展更是获得了国家的大力支持。这里征引 Taloy（2004）关于英国第三部门的观点，对于自由主义福利国家中一类重要的公共领域建设方式，给出一些说明。

（1）英国"第三部门"定义及其慈善传统。英国的第三部门发展是与其洛克自由主义传统并行的，旨在通过慈善事业缓冲商业资本主义和自由市场经济的冲击，最大限度地减少社会不稳定性，即波兰尼所谓社会保护之于自由主义危害的反向运动①。第三部门的传统含义是自愿行动、自愿组织或慈善，17 世纪对慈

---

① 波兰尼（2017）认为，资本主义自由放任政策提早到 18 世纪中期，至 1820 年具备了三个古典教义：劳动力市场、金本位、自由贸易。

卡尔·波兰尼. 巨变［M］. 黄树民，译. 北京：社会科学文献出版社，2017.

善功能的法律规定是：救济、教育、宗教发展，慈善组织的原则是"非分配约束"或非营利性、资本家的父爱主义。19世纪之后，随着互助合作在工人阶级内部兴起，第三部门内涵不断扩大，今天已经形成包括慈善、工会、住房互助、专业协会、社会企业等内容的一类重要公共领域。

（2）从"二战"以来的历史来看，英国第三部门的兴衰大致经历了三个阶段：第一阶段，战后资本主义黄金时期，国家责任回归到福利组合中心，在这个时期中，尽管合作与互助组织体量很大，但是作为政治、经济替代者的身份已经丧失，慈善、互助组织降格为社会各方的次要伙伴关系。同时，社会保障体制的完善，也使谈判的作用变得重要起来。但是，过度干预也引起政府失灵问题，第三部门回归的呼声越来越高。第二阶段，20世纪八九十年代的去管制化时期，旨在削减政府公共开支，把部分政府责任交给市场和家庭——如住房和社会服务的市场化改革。同时，市场化和商业化快速向慈善组织、互助组织渗透。例如，一些较大的慈善机构迫于资金压力，不得不到市场融资以获得收益，一些传统互助机构也越来越变成福利市场。第三阶段，面对第三部门过度市场化，20世纪90年代末期以来，英国试图在国家—市场之间寻求"第三条道路"，以权利和责任的名义重塑国家、市场、家庭伙伴关系，抑制市场逐利动机造成的冲击，但是，其效果不尽如人意。

三、日本的公司主义：在合作中追求利益

虽然欧洲大陆社团主义传统是在互惠互助的共同体理念之下发展起来的，但是社团组织在资本主义时期的应用，仍然是为了缓和劳资冲突，工人与企业之间是一种比较纯粹的雇佣关系，且作为市场买卖的劳动力，工人与雇主是一种权力关系或者按照契约要求的监督和被监督的关系。与之不同的是，日本企业的核心特征是企业人之间的合作与经营，劳动者不是作为按照契约的标准化规定，在监督下被动执行任务，而是作为企业利益相关者和风险分担者积极参与企业经营。这种特征主要存在于大企业内部的特殊劳动组织形式——即终身雇佣制、年功序列制和企业工会。实际上，这是一种具有日本特色的社团主义共同体。按照松本厚治（1997）的分析，日本的企业主义表现在两个方面[①]：

（1）作为经营体制的企业主义。第一，企业人分担企业风险。终身雇佣制

---

① 松本厚治. 企业主义［M］. 程玲珠，等，译. 北京：企业管理出版社，1997：12-46，201-210.

和年功序列制在保证企业内部企业人收入平等的同时，将企业经营状况与个人收入和地位连接在一起，迫使企业人共担企业风险。企业人要面对企业破产而直接造成的工龄损失、收入损失以及各种福利损失。因此，企业人的忠诚合作源于他与企业的利害关系，而不是源于精神方面的因素。第二，企业人对企业的支配。劳动者主动参与企业经营，同时承担企业经营风险。与自由经济国家中的企业不同，日本企业经营者的特点是，他们从全体员工中选拔而来，并代表了员工利益。经营上的主导权，广泛分散于企业人的团体组织，既有员工对经营的自下而上直接建议，也有最高层的战略决策。第三，企业人的工会。与欧美按照产业或工种建立工会的做法不同，日本以企业为单位组成工会，其全国性劳工联盟和产业工会只不过是企业工会的联合组织。因此，日本的劳动者认为劳使关系（即劳动者和使用者之间的关系）是一种合作关系，不同于欧盟等发达国家冲突的劳资关系。

（2）作为社会体制的企业主义。日本的企业主义社会属于一种介于个人自主的自由主义社会、国家自主的社会主义社会之间的形态，类似于前文所述欧洲大陆传统社团主义社会模式。在日本社会体制中，企业是位于个人、国家之间的中间集团，发挥着很好的社会整合作用。因此，这种社会具有两重性：一是国家与企业。企业所需大部分资金都直接或间接由政府提供，但是政府很少管制经济。作为企业人共同体，市场上自由竞争的企业内部承担了大量福利职能，转而减轻了政府财政负担，因此，日本属于小政府。二是企业与个人。一旦成为企业人，内部转移是自由的，由于工龄职能在所属企业内部累积，脱离企业的损失较大。

第五节　结论与延伸讨论：中国制度韧性建设问题

20世纪80年代以来全球化浪潮中去管制化的初衷，是为了缓解黄金时期福利国家体制造成的通货膨胀和过度干预问题。但是，随着自由化的发展，发达资本主义国家和新兴工业化国家出现了较为显著的脱实向虚问题，最后演变为金融化主导之下的不可持续问题，并以美国次贷危机收场。在这个过程中，对利己的功利主义的反思，频繁出现在理论研究和福利国家改革方案中，增强制度韧性以获得效率—福利动态平衡成为焦点，典型如 20 世纪 90 年代以来积极福利国家政策的诸多探索。

正是意识到资本无序发展造成的冲击和危害，同时也由于中国发展战略发生了从高速增长向高质量发展的根本转变，自党的十九大以来，中国向社会均衡的努力正在增加：认识到了城市化时期的社会主要矛盾，已经转化为人民日益增长的美好生活需要和不平衡不充分发展之间的矛盾；人的全面发展是内需主导和国内国际双循环的根本动力；效率—福利的协同改善，是中产阶层扩大和共同富裕的保障。但是，实践层面的关键问题在于，社会价值的引入以及社会价值、市场机制的整合将涉及治理方式的变革，特别是公共对话领域的伙伴关系建设，这些实践本质上是如何提升制度韧性的问题。就中国治理状况而言，面临的两个主要困难：

从国家比较来看，发达国家在战后黄金时期，分别结合各自文化传统，快速完成了福利国家体制建设，即前文谈及的自由主义、社团主义、企业主义等模式，由此达成了 Bresser-Pereira（2017）所谓"社会—发展型"的均衡机制，20世纪 80 年代以来的结构改革，大多基于原有制度的修修补补。受到二元经济的制约，中国高速增长时期的焦点是效率和生产供给，社会发展一直是短板。在国家、市场、家庭三方关系中，家庭或个人发展的社会政策支持力度欠缺，体制改革大多关注市场经济策略，但是，公共领域的建设环节较为薄弱。

从发达国家的经验来看，公共领域在国家、市场、家庭三方关系中的作用都是必不可少的，不仅关系到利益的分享与平衡，而且关系到信息畅通和社会稳定。因此，中国治理结构亟须一种社会空间构架。2021 年，中国首次将"全过程民主"以法律形式确立下来，这可视为基于传统意识形态建设公共对话领域的突破，主要构架有三个（辛向阳，2020）：一是人民代表大会制度，保障人民当家作主和依法治国的有机统一。二是中国共产党领导的多党合作和政治协商制度。通过程序合理、环节完整的协商民主体系的构建，让利益诉求得到充分表达。三是基层群众自治制度，保障人民群众在农村、城市社区和企业的责任与权利。总体来说，全过程民主具有前文所述公共领域的所有特征：即制度互补原则、弹性原则和满意原则。这是一个具有坚实理论基础的开放的沟通体系，作为社会空间的主要支撑制度有其合理性，且有利于公共领域其他机制的创造。

参考文献

［1］袁富华. 集聚的现代性与均衡社会的准则［J］. 经济思想史学刊，

2021（4）.

　　［2］［德］杰弗里·M. 霍奇逊. 经济学是如何忘记历史的［M］. 高伟，马霄鹏，于宛燕，译. 北京：中国人民大学出版社，2008.

　　［3］［美］塔尔克特·帕森斯. 社会行动的结构［M］. 张明德，夏翼南，彭刚，译. 上海：译林出版社，2003.

　　［4］Joas, H. , W. Knöbl, Social Theory, Translated by A. Skinner［M］. New York：Cambridge University Press，2013.

　　［5］［美］塔尔克特·帕森斯，尼尔·斯梅尔瑟. 经济与社会［M］. 刘进等，译. 北京：华夏出版社，1989.

　　［6］［澳］J. J. C. 斯玛特，［英］伯纳德·威廉斯. 功利主义：赞成与反对［M］. 劳东燕，刘涛，译. 北京：北京大学出版社，2018.

　　［7］［美］提勃尔·西托夫斯基. 无快乐的经济：人类获得满足的心理学［M］. 高永平，译. 北京：中国人民大学出版社，2008.

　　［8］［法］弗朗索瓦·佩鲁. 新发展观［M］. 张宁，丰子义，译. 北京：华夏出版社，1987.

　　［9］［英］约翰·穆勒. 功利主义［M］. 徐大建，译. 上海：上海人民出版社，2008.

　　［10］［英］亨利·西季威克. 伦理学方法论［M］. 廖申白，译. 北京：商务印书馆，2020.

　　［11］［美］理斯曼，格拉泽，戴尼. 孤独的人群——美国人性格变动之研究［M］. 刘翔平，译. 沈阳：辽宁人民出版社，1988.

　　［12］［美］亚伯拉罕·马斯洛. 动机与人格［M］. 许金声，等，译. 北京：中国人民大学出版社，2016.

　　［13］［德］哈贝马斯. 在事实与规范之间［M］. 童世骏，译. 北京：生活·三联·新知书店，2014.

　　［14］［美］约翰·罗尔斯. 正义论［M］. 何怀宏，何包钢，廖申白，译. 北京：中国社会科学出版社，2019.

　　［15］任岳鹏. 哈贝马斯：协商对话的法律［M］. 哈尔滨：黑龙江大学出版社，2009.

　　［16］高培勇，等. 经济高质量发展理论大纲［M］. 北京：人民出版社，2020.

［17］ R. M. Kramer. Alternative Paradigms for The Mixed Economy ［M］//in A. Evers and J. Laville. The Third Sector in Europe，Edward Elgar，2004.

［18］ Evans P. The State as Problem and Solution：Predation，Embedded Autonomy，and Structural Change ［M］//in S. Haggard and R. R. Kaufman. The Politics of Economic Adjustment. Princeton University Press，1992.

［19］［美］乔尔·S. 米格代尔. 社会中的国家 ［M］. 李杨，郭一聪，译. 南京：江苏人民出版社，2013.

［20］ Rose R. and Shiratori R. The Welfare State East and West ［M］. Oxford：Oxford University Press，1986.

［21］ Evers A.，J. Laville. Defining the Third Sector in Europe ［M］//A. Evers and J. Laville. The Third Sector in Europe Edward Elgar，2004.

［22］ H. A. Simon. Reason in Human Affairs ［M］. Stanford University Press，1983.

［23］ H. J. Wiarda. Corporatist Theory and Ideology：A Latin American Development Paradigm ［J］. Journal of Church and State，1978，20（1）.

［24］［德］于尔根·科卡. 资本主义简史 ［M］. 徐庆，译. 上海：文汇出版社，2017.

［25］ 卡尔·波兰尼. 巨变：当代政治与经济的起源 ［M］. 黄树民，译. 北京：社会科学文献出版社，2017.

［26］ Taylor，M. The Welfare Mix in the United Kingdom ［M］//A. Evers and J. Laville. The Third Sector in Europe Edward Elgar，2004.

［27］［日］松本厚治. 企业主义 ［M］. 程玲珠，等，译. 北京：企业管理出版社，1997.

［28］ L. C. Bresser-Pereira. The Two Forms of Capitalism：Developmentalism and Economic Liberalism ［J］. Brazilian Journal of Political Economy，2017，37（4）.

［29］ 辛向阳. 人民民主是一种全过程的民主 ［N］. 光明日报，2020-05-29.

第五章 分享与人的发展

第一节 引言

作为高质量发展模式的内核，分享与人的发展理念深植于发达国家现代化实践之中，且有坚实的理论基础。理论连续上表现为：围绕对马克思主义理论的吸收与反思，以良好社会组织如何建成为目标，西方社会理论逐渐把共同体、社会团结等与人的发展有关的理念引入进来，经过了对市场经济内在缺陷的再反思，最后形成经济社会一体化思想。实践的连续性表现为：以福特主义产生及其在战后的兴起为契机，发达国家结合各自传统，形成了各具特色的福利国家模式；作为分享、合作理念的落实，建立起"国家（政府）—市场（企业）—家庭（个体）"三方契约机制，并以此为基础规范了公共服务、完善了社会保障体系、充实了社会权利。绩效上表现为：黄金时代福利制度的现代化，推动了知识中产群体的崛起，这个群体在为当代知识经济不断注入活力的同时，也构成巩固发展成果的稳定性力量。

与之不同，受到二元经济这个工业化初始条件制约，广大发展中国家在工业化时期较少具备与分享有关的制度规范，理论认识上通常以借鉴、吸收和本土化为主。因此，在工业化后期客观上面临着福利社会建设的挑战，模式重塑及相应制度变革任重道远。而所谓中等收入陷阱，也是由于转型迟滞或转型受阻所致，这种问题发生的根源与社会发展短板密切相关。经历了 40 多年的高速增长，中国经济在总量上基本实现了对发达国家的追赶，接下来的问题自然就是如何实现质上的提高——即赋予发展模式更多现代化内容，这种任务本质上属于经济社会一体化协调的事情。以民生为根本目的这一发展方向的明确，标志着中国在探索现代化规律方面迈进了一大步，但是社会目标的纳入也意味着一系列新规范的建立、完善，新发展格局下与人的发展有关的诸多问题需要重新认识。

从经济社会一体化角度看待发展问题，对于理解中国城市化问题极其重要。把人的发展即社会发展纳入理论视野，并将经济发展置于这种观察之下，就会发现许多问题或许与通常的直觉不同。从规范化理论角度建立城市化问题的实质性分析框架，正是本章的目的所在。

第二节　分享机制：理论整合与评述

"二战"后现代化过程呈现出来的鲜明特色，在于福利国家秩序的完善。尽管文化传统差异导致多种模式产生，但共同点也是明显的：试图通过个体理性与发展分享的平衡，塑造良好社会特质。对于福利国家的规范，Petersen（2012）的主要见解有以下两个方面：一是规范准则：平等、正义、共同体、安全和信任，以此作为社会团结的基础。这些要素不是福利国家创造的结果，而是控制自私冲动的基本前提；二是准则的实施：作为一种政治安排，福利制度是综合性、普遍性的，关乎所有人的基本需求，不仅仅是针对穷人。当然，这些理想化规范通常面临着与个体理性的冲突，从而使政策不得不在各种各样的两难选择中进行权衡——如工作激励和社会公平；公民权利和公民义务；社会保障和财政约束等。尽管如此，规范化框架描绘了"人的发展"现代化方案，发达国家最近几十年结构性改革的探索，也是朝着这个方向努力的。

一、规范、秩序与"人的发展"的理论脉络

在不断对马克思主义理论的吸收与反思中，当代资本主义福利国家理论成果丰硕，大致分为四个演化时期：一是在滕尼斯（2019）和涂尔干（2015）那里，共同体、有机团结、社会规范等理念得到系统阐述，对市场经济弊端以及社会团结的重要性产生了深刻认识[1]；二是在波兰尼那里，对"人的经济"与"市场经

---

① 滕尼斯. 共同体与社会 [M]. 张巍卓，译. 北京：商务印书馆，2019：515.

涂尔干. 职业伦理与公民道德 [M]. 渠敬东，译. 北京：商务印书馆，2015：72-76，83.

涂尔干. 社会分工论 [M]. 渠敬东，译. 北京：三联书店，2017：90-92.

济"给出了区分，经济社会一体化机制进一步明晰；三是在法国调节主义理论那里，进一步明晰了劳资关系之于资本主义积累的决定作用；四是基于 20 世纪 50~70 年代以来完善起来的公平正义理论，在综合早期理论成果的基础上，福利国家理论把社会权利的价值及其影响揭示出来。理论进步推动了实践，分享、合作、权利确认等现代化理念不断落实到福利国家政策设计上，同时，社会规则的完善与社会秩序的建设，对防范全球化时期的新风险起到越来越重要的作用，正义、合作、效率、稳定的良好社会组织得到巩固。

在确认良好社会标准的方面：正如涂尔干（2015）所给出的规定那样：良好社会不是因为它们最伟大、最富庶，而是因为它们最公平、组织得最好，具有合理的道德结构。对于公平、组织与道德，他进一步指出，在国家职能逐步拓展的同时，个人的发展相应成为国家的产物。在这种意义上，个人权利的关键不在于权利特定构成要素，而在于国家通过确定个人权利得到认同的价值——即国家越强大，个人越得到尊重。同时，涂尔干认为个人的社会权利是演化的，促进人的发展是国家的基本义务。从中，我们自然可以领会到 T. H. Marshall（1950）关于公民权利论述的重要性[①]。在他那里，这个概念内涵的充实分为三个阶段——基本权利形成于 18 世纪、政治权利形成于 19 世纪、社会权利形成于 20 世纪。其中，最后阶段得到发展的社会权利，通过教育、住房、养老等制度的完善落实，使其成为当代福利社会最重要的支撑。

社会权利和公平问题更加系统的分析，出现在罗尔斯观念之中：作为公平的正义这种当代理念，承认人的差别对于效率的重要性。但是，出于良好社会组织稳定发展的考虑，社会不平等或社会差别应当是以公平为前提的，其中，公平与效率平衡的原则有两点：一是使最弱势群体的利益得到最大程度的改进；二是机会公平。自然的逻辑就是，如果这两点得到了满足，那么社会各个群体的福利水平都可以得到提升。由此引申出来一个重要认识：财政收支的目的，不在于最大限度地增加个人或社会满足，而在于建立正义的背景制度。

二、分享机制与模式多样性

（一）基于结构功能的经济社会一体化理论

这种视角具有一些不同于一般经济学的特征，主要体现在以下四个方面：一

---

① Marshall T. H. Citizenship and Social Class and Other Essays［M］. Cambridge：Cambridge University Press，1950：14.

是从结构功能的最高层次来看，经济社会一体化意味着整体发展模式及其演化。发展模式既包含了制度、文化价值（如偏好、素质等）等慢变量，也包括资本投入、劳动力投入、产出交换等快变量。一般地，慢变量涉及经济、社会结构长期变化问题，快变量涉及短期利益追求。二是经济社会一体化分析方法更为本质的要求，在于从社会发展角度看待经济发展，重视制度（作为规则的综合）对于发展模式的决定性作用。劳动力素质提升或要素质量改进被视为经济发展的根本目的，即经济发展要有助于推动社会进步。三是从社会角度看待经济这个视角所引出的另一个重要认识变化，就是重视跨期平衡与多目标动态平衡问题，而不是主流经济学所推崇的那种优先次序（即边际利益最大的目标优先满足）。这是由社会发展特殊性决定的，如人的发展体现在从幼年到老年整个生命历程的社会投资之中；经济社会一体化不仅包括效率目标，而且包括代内代际公平等社会目标等。由此，共识与协调、团结与合作的机制就显得必要了。四是经济属于效率、利益范畴，社会发展属于公平、道德范畴，稳定、效率、可持续的良好社会，一定是一个效率—福利动态平衡的社会。这在以福祉水平提高为核心的城市化阶段更为重要。

"国家（政府）—市场（企业）—家庭（个体）"福利组合这类形态学分析框架，旨在揭示整体—部分关联机制及其问题，采取了发展模式升级和比较的视角（见图5-1），国家、企业、家庭、一体化这四个功能子系统有各自的"行为—约束"机制，在子系统之间投入产出的互动约束下，各自有其目标、实施手段和期望结果[1]。主要体现在以下三个方面：

（1）一体化——团结。一体化子系统的目标和功能，集中于协调国家、企业、家庭三个部门。换句话说，一体化的功能是增进社会团结、消除环节失调。作为一种制度安排，一体化类似于联结社会有机体各部分的神经系统。规则的建设状况以及规则的特征，根本上影响着其他部门的行为。现实中，一体化的作用不仅在于协调其他部门之间的联系，而且渗透到各个部门之中，决定了特定时期整体发展模式的整体特征。典型如法律体系、社会保障体制、劳动市场体制等。

---

① 经济社会一体化分析框架有多种，典型如家庭、企业、国家"福利三角"模式（彭华民，2006）、帕森斯和斯梅尔瑟（1989：61）A（适应）-G（目标）-I（模式维持）-L（一体化）四系统分析模式。帕森斯的一体化框架可以看作是对滕尼斯、涂尔干等作者的理论综合。适用本章目的，我们整合了两类框架。

彭华民．福利三角：一个社会政策分析的范式［J］．社会学研究，2006（4）．

塔尔克特·帕森斯，尼尔·斯梅尔瑟．经济与社会［M］．刘进，等，译．北京：华夏出版社，1989：61.

（2）一体化将发展模式的整体与其组成部分联系起来，在这个有机整体中，各部门也具有整体的属性，分享与合作就是针对这个有机特征而言的反映在以下三个方面：一是国家—（资源配置）权力。它的手段和内部约束主要是财政支、信用创造。服务于整体的公平、效率目标。二是家庭—财富。家庭的主要功能是挣得工资收入和劳动力再生产，整体模式主要影响着家庭的消费方式，特别是影响着劳动力再生产中知识、看待工作的态度以及消费偏好模式。三是企业—财富。企业的财富在生产上体现为利润和效率，整体模式之于企业影响在于生产组织方式、企业责任感和创新精神①。

（3）获得了经济社会一体化的轮廓。易言之，通过一体化子系统对权利和财富的协调与约束，形塑发展模式。

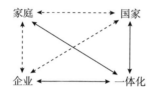

图 5-1　四系统投入产出的一体化机制

（二）基于历史分析的模式多样性理论：分享制度设计

上述关于一体化机制的逻辑论证，试图从分类学和演化角度解释分工现代化的有机联系特征。类似的思路也体现在 20 世纪 70 年代以来的福利资本主义历史分析之中，这种研究的代表是调节主义和福利国家理论。早期调节主义理论运用马克思主义分析方法，针对经济—社会联系中资本积累模式演化、转型机制进行分析，特别集中于"二战"后福特主义这种工业化制度的探索，影响较大的理论认识是：企业既合作又冲突的劳资关系对于积累具有决定作用，由分享机制确立的消费模式，本质上是为了满足扩大再生产的需要②。围绕劳资关系展开的一

① 帕森斯的一体化框架中，财富概念一方面借鉴了滕尼斯的定义，即市场交换、使用，另一方面也被赋予了文化价值特性。

② 这方面的优秀代表是 Aglietta（2015），类似的分析和结论也见于 Galbraith（1971：230）关于大企业通过广告控制消费偏好的分析。

Aglietta M. A. Theory of Capitalist Regulation：The US Experience ［M］. England：Verso, 2015.

Galbraith J. K. The Affluent Society ［M］. Boston：Houghton Mifflin Company, 1971：230.

体化联系，通过劳动力再生产这个环节，从企业内部扩展至家庭和国家乃至国际分工环节之中，进而一些关键变量的状态及其变化——如教育、就业、福利收益、生产率等，构成了形态各异的发展模式。作为早期思想的拓展和延伸，20世纪90年代以来的调节主义，围绕劳资关系的决定作用，通过生产竞争、劳资关系、金融、社会保护、教育五类系统的互补性分析，将发展模式区分为自由市场经济、社会民主经济、亚洲资本主义、欧洲大陆资本主义、南欧资本主义五类①。当然，当代影响最大的理论，还是以社会权利或福利权利为分析核心的福利国家理论。围绕社会政策、社会保障体系以及责权在国家—市场—家庭的分配方式，Esping-Andersen（1990）及其后一系列相关研究，把福利国家理论提升到一个新高度，其中，发展模式被归纳为以下三类：自由主义的福利国家、保守主义的福利国家和社会民主国家。同时，这类理论借助于更加具有实质意义的概念（如积极福利国家、积极劳动市场、社会投资等），使研究更加具有政策价值。

第三节　规范演化、分享与高质量发展

上文探讨了经济社会一体化的逻辑框架及其呈现出来的模式多样性。围绕福利社会的核心——社会权利充实与确认，本部分从政策实践角度给出规范演化的比较分析，目的在于：通过发达国家的经验分析，揭示一些具有启发意义的问题。"二战"后，基于福特制与本国文化的有效结合，尽管发达国家因此形成了各自的福利国家模式，但是经济社会协调、生产消费协调充当着共同的制度内核。即使在路径相异的发达国家之间，所谓模式收敛也并非单向地向着自由主义福利模式收敛，而是在相互借鉴的基础上，基于本国国情寻求制度韧性和社会凝聚的平衡点，以便获得长期发展中的目标效率—福利动态平衡。实际上，这种合作与分享机制，在假设前提下也与传统发展理论中的涓滴效应不同。涓滴效应以效率为优先原则，期望通过富裕的一极带动落后的一极，但是从实践上来看，由于受到来自既得利益群体的阻力，这种单向的边际改进效果并不好，所谓"中等收入陷阱"问题大多与极化效应有关。与之相反，"国家（政府）—市场（企

---

①　Amable B. The Diversity of Modern Capitalism ［M］. Oxford University Press, 2003：104-107.

业）—家庭（个体）"三方契约关系，主要作用在于通过福利权利或社会权利的确认，把人的发展制度化于现代化进程之中。三方权责的明晰，表现为经济社会多目标动态平衡，有助于激发社会活力。尤其是在要素质量起主导作用的城市化阶段，这种分享机制之于高质量至关重要，这是理解制度顶层设计的要义。

一、"二战"以来发达国家规范演化的两阶段历史背景

发达之为发达的制度设计，与涓滴效应理论关联不大，实践上表现为经济社会一体化协同。滞涨使传统福利国家难以为继，以第一次石油危机为分野，"二战"后发达国家现代化分为两个阶段：物质资本积累导向的福利国家以及人力资本积累导向的福利国家。改变被动的补偿性分配政策，探索积极的福利国家制度，成为 20 世纪 90 年代以来发达国家——尤其是欧盟发达国家的主要目标（袁富华，2020）。这里的一个提醒是，第一阶段的福利制度建设与当时的确定预期有关，第二阶段的福利制度改革是为了应对全球化、经济服务业和老龄化新风险。

（一）物质资本积累导向的福利国家

资本主义黄金时代，为"国家（政府）—市场（企业）—家庭（个体）"福利组合建设提供了历史机遇，20 世纪五十六年代的大规模工业化，从以下两方面奠定了高质量现代化的基础：

（1）目标和手段：经济社会一体化模式建立。成熟于美国并扩散至全球的福特主义有两个显著特征：在技术上，以其机械化、（半）自动化和标准化缔造出了纵向一体化的大规模生产，这种特征很好地适应了当时不断扩大的市场和产业分工。在生产组织上，发达国家基于各自文化土壤，建立了稳固的劳资合作关系，收入与劳动生产率的协同提高了劳动积极性。在一体化机制上，围绕物质资本积累和生活水平提高这两大目标，形成了"国家（政府）—市场（企业）—家庭（个体）"三方契约关系，企业对就业稳定和工资提高的承诺以及国家社会保障体系的建设，均是为了维持标准化的消费模式，以便适应大规模工业化。资本主义黄金时代由此形成。

（2）一体化绩效：知识中产群体的崛起与国际竞争力的维持。经济社会一体化的最重要成果，体现在知识中产群体的扩大，并成为现代化进程的主导力量。尽管"国家（政府）—市场（企业）—家庭（个体）"组合表现出多种多样的模式，但是，福利资本主义国家的共同努力，均是围绕个人社会权利的确认

与三方契约关系的完善，促进人的发展或要素质量升级。黄金时期的这个社会进步，对20世纪80年代以来的资本主义发展，起到了两个推动作用：一是知识中产群体的崛起为信息经济、知识经济的发展提供了的有力支撑；二是该群体的扩大适应了高端城市化产业结构升级的需要，巩固了发达国家在全球化下的中心地位。这一点着重体现在高端服务业发展所带来的创新能力上，发达国家对知识的掌控，进一步拉大了其与发展中国家的差距。

（二）人力资本积累导向的福利国家

如果说知识中产群体的崛起，是福特主义"意料之外结果"的话，那么，经过多年对新自由主义的反思，20世纪90年代之后，发达国家对积极福利制度的追求，已经变成有意识的规划了。从经合组织和欧盟关于结构性改革的一系列探索中，可以看到这种变化。整个20世纪90年代，发达国家对于社会政策重要性的重新认识，源于新自由主义传播所导致的贫困、经济脆弱性以及社会排斥等后果。面对服务化和老龄化的新风险，经济合作与发展组织（OECD，1996）对社会投资和积极劳动市场的倡导是一个重要转折点，并引起欧盟国家关于福利国家改革及相应公民福利权责再界定的深入探讨，这种变化直接体现在欧盟近20年来的战略规划中。2000年制定的《里斯本战略》视社会投资为生产性要素，改变了传统的、静态性、补偿性社会支出的认识，该战略把增长、就业、社会包容置于结构改革的综合框架之下，旨在通过积极福利国家、积极劳动力市场建设，提升知识经济时代的竞争力和社会凝聚。《欧盟2020战略》继承了《里斯本战略》"投资于人"的民本思想，把增长、可持续和包容置于创新这一努力之下，更加注重经济发展服务于人的发展，并对技能、教育、就业、社会保护等重要内容提供了可操作建议。

二、发达国家社会权利的确认与充实

在两个阶段中，黄金时期见证了发达国家福利水平的快速提升及社会权利的充实，这是一段社会保障制度迅速建成的时期。围绕促进收入和消费所达成的三方契约，旨在促成适应于工业化大生产的标准化消费模式，因此，这一时期的社会权利和社会保护的目的是物质资本积累。其中，得益于知识中产阶层的扩大，以消费高水平、消费结构高端化、公共服务高水平为代表的高质量发展动力形成，并为20世纪80年代以来社会权利内容的进一步扩展奠定了基础。人力资本导向的福利制度改革，旨在培育瞄向未来的发展潜力，人的发展和良好社会组织进一步体现在经济社会政策一体化协同上。结合表5-1，这里以三类福利模式的代表性国家为例，对于社会权利内容的确立及其阶段性演化给出简要分析。

（一）黄金时代围绕标准化生产构建社会保障体系

退休后的生活保障、医疗保险以及国家对失业、失能的社会救助，这些制度的构建使西方社会保障具有了真正的现代意义，也是发达国家真正步入现代化高质量发展的重要标志。这种社会权利确认推动了经济社会一体化，推动了人的社会化。福特主义与各国具体国情的组合，导致了不同福利国家模式的产生，如欧洲大陆福利国家建设同时受到社团主义和国家的影响，注重家庭保护，市场因素从来不在这类福利国家中占据主要地位，因此不同于英美自由主义福利体制（周弘等，2019）。北欧国家的特色是民族同质性高，在平等和普遍主义的社会权利上易于达成共识。尽管如此，黄金时代的福利制度建设仍有三个普遍的推动因素：

第一，主观上适应社会发展的需要。市场经济的社会性含义——即由效率带来的增长应该由大众分享，把大众福利与市场竞争力有效结合起来，成为战后诸强国的发展共识。实际上，对公民社会权利的许诺，也是特定历史条件下调动社会凝聚力以实现经济追赶的需要。

第二，客观上适应大规模生产方式的需要。福特主义技术上的标准化、垂直一体化和规模化效率，需要稳定的劳动力供给，涉及生产组织就是退休制度的标准化、必要的健康保障以及必要的技能维护。国家、企业、家庭三方合作的重要性因此凸显。

第三，稳定的人口结构和稳定的市场环境。黄金时期资本主义福利制度的完善"恰逢其时"：首先是大众消费迎来全盛时期，标准化的基本物品需求有待满足。在这种有利条件下，大规模生产创造出适合于扩大再生产的标准消费模式；其次是人口结构年轻，代际团结契约容易达成。这个时期的社会保障具有鲜明的补偿性、当期性特征。

（二）老龄化时代围绕积极福利国家的结构性改革

受到知识经济、老龄化和全球化的压力，后福特主义时代福利国家制度变革，围绕社会投资或社会支出的生产性修订社会契约。从表5-1也可以看出，20世纪80年代以来，三类福利国家开始注重人力资本相关的制度建设——家庭和就业能力的发展成为关注焦点。与资本主义发展的黄金时代相比，20世纪80年代以来国际国内经济社会条件都发生了巨大变化，经济全球化、服务化、老龄化引致了把更多的风险和不定性这对福利体制的"弹性安全"提出了更高要求。换句话说，为了提高福利制度的适应性以及财政可持续，各国均采取了有条件的收敛：一方面尽力维持传统福利国家的内核以保持改革与发展的连续性，另一方面把有助于提升竞争力的积极因素引入，寻求效率—福利动态平衡的新途径。综合来看，瞄向未来的制度改革的普遍因素有以下三点：

第一，主观上更加强调人的发展。从生命历程管理角度看，受到特定历史条件影响，黄金时代福利制度建设集中于退休之后的收入安全，这是由当时较为年轻的人口结构和稳定就业决定的。相反，后福特主义的福利制度改革，集中于年轻人口的社会投资。典型的如促进生育、幼育、女性工作参与的家庭政策；推动青年就业能力提升的教育培训政策等。一些新理念——社会最终的财富是人、家庭状况关乎儿童成长和国家未来等得以确立。

第二，客观上适应知识经济发展的需要。上文提及的欧盟战略，旨在提升共同体在知识经济领域的竞争力，由此，注重对年轻人口社会投资成为顺理成章的事情。

第三，老龄化与财政可持续。当然，社会契约的修订，主要还受到财政可持续问题的困扰。老龄化削弱了传统福利制度赖以运转的政治、经济基础，由于退休人口相对于就业人口的比重趋于增加，代际公平问题受到质疑。为此，延迟退休、工作福利、有条件的社会救助等措施受到重视。

表5-1　三个福利国家的社会保护制度

	社会保障政策	家庭教助政策	就业促进政策
德国	《社会保险调整法》（1949）；《战俘返家人员法》（1950）；《联邦养老金法》（1950）；《养老金提高法和生活费用补贴法》（1951）；《社会保障自治管理法》（1951）；《疾病保险津贴提高法》（1952）；《战争负担公平化法》（1952）；《疾病保险津贴提高法》（1953）；《基本补贴提高法》（1954）；《严重残疾人员法》（1953）；《养老及改革法》（1954）；《手工业者保险法》（1957）；《工伤事故保险改革法》（1957）；《家庭补贴法》（1960）；《老年农场主救助法》（1963）；《健康改革法》（1988）；《1992年养老金改革法》（1989）；《社会护理保险法》（1995）	"二战"后德国分裂，家庭政策也出现了分化，具体体现在："去家庭"与"家庭化"的分野；发展公共托儿事业与强调亲职教育的分野；鼓励生育与消极人口政策的分野。德国统一后，家庭政策基本朝着东德的政策方向发展：一是鼓励生育政策；二是未成年保护和补贴政策；三是儿童看护服务政策；四是工作与家庭的平衡政策	《就业促进法》（1969）；《职业培训法》（1969）；《失业救济条件》（1974）；《劳动促进法》（1982）；《就业支持法》（1994）；"失业青年培训"项目（1998）；哈茨法案Ⅰ-Ⅳ（Hartz Ⅰ-Ⅳ）（2003～2005）；《就业和稳定法案》（2009）

续表

	社会保障政策	家庭教助政策	就业促进政策
瑞典	《工人运动战后纲领》（1944）；《健康保险法》（1946）；《社会福利与社会救助法》（1957）；《养老金补充法》（1958）；《国民保险法》（1962）；《社会福利法案》（1982）；《保健法》（1983）；修改老年人与残障人士服务制度的相关法案（1990）	"二战"后至70年代：出台了《社会福利和社会救助法》，对老年人、儿童、残疾人给予社会救助，为低收入家庭撑起"保护伞"。20世纪70年代以后：一是儿童福利政策；二是双亲假政策；三是性别平等	成立劳动市场委员会（1957）；《劳动生活共决法》（1976）；大规模的成人教育计划（1997）；"源工作"项目（1998）；"担保人"项目（2000）；建立"学习账户"（2002）；《2009年预算法案》（2008）
英国	《国民保险法》（1946）；《国民医疗保健法》（1946）；《国民救济法》（1948）；《社会保障部法》（1966）；《就业保障法》（1975）；《社会保障退休金法》（1982）；《社会保障法》（1985）；《社会保障缴款额和津贴法》（1992）；《福利改革和养老金法》（1998）	"二战"后颁布了《家庭求助法》：住房补助政策；家庭津贴制度。20世纪70年代：生育管理政策；儿童保育政策；非婚同居家庭的立法保护；单亲家庭政策。20世纪90年代之后："第三条道路"，削减家庭福利开支	《就业与培训法》（1964）；《就业与训练法》（1973）；"青年培训计划"（1983）；"就业培训"项目（1983）；Re-start项目（1986）；"积极寻找工作规定"（1989）；《教育改革法案》（1988）；《继续教育和高等教育法案》（1992）；"现代学徒计划"（1994）；"国家培训项目"（1997）；"新政青年计划"（1998）；"新政长期失业者计划"（1998）；最低工资制度（1999）

资料来源于：吕青、赵向红（2012：66-82）；张敏杰（2011）；冯英、聂文倩（2008：19-35）；郭馨冉（2019）；雷杰等（2017）。

（三）绩效

黄金时代建立起来的福利制度，尽管在最近几十年面临转型甚至重塑，但值得肯定的是，社会权利的确认切实推动了发达国家的现代化进程。社会权利的充实，体现在消费升级与广义人力资本的积累上，这是知识中产群体扩大再生产的条件。表5-2列示了德国、瑞典、英国居民消费中科教文卫项目支出水平及其比重，亚洲国家中只有日本与之比肩。总体来看，发达国家高端消费项目不仅占比高，而且一般处于"万美元"级以上，远远高于广大发展中国家的水平。实际上，这些数据背后有着更深的含义。再次把我们的认识强调一下：以知识中产群体支撑起来的消费结构高端化，巩固了发达国家在当代信息化背景下的创新地位。并且，由于人的发展是涉及更加综合的制度建设问题，因此外围国家必须付出巨大的改革能力才能实现进一步追赶。

表5-2　各国广义人力资本消费支出状况（含政府相应支出）

年份	瑞典		德国		英国		日本	
	占总消费比重（%）	人均消费（美元）	占总消费比重（%）	人均消费（美元）	占总消费比重（%）	人均消费（美元）	占总消费比重（%）	人均消费（美元）
1995	38.8	8826	40.3	8561	38.9	9423	—	—
2000	40.7	10775	40.6	9467	40.6	11778	—	—
2005	41.4	12304	40.8	9794	42.5	13961	45.0	9725
2010	42.3	13300	42.5	10799	42.0	13792	44.0	9917
2017	42.4	14509	43.0	11906	42.2	15007	43.8	10513

资料来源：UN Data；吴湛（2021）。广义人力资本支出是消费的分类中"教育文化及娱乐""医疗""其他"三项的总和；2015 年美元不变价。

第四节　中国的渐进式改革与规范演化

从国际环境来看，中国改革开放正值发达国家进入后福特主义时代，福利事业建设的一些现代化新理念不断提出并得到探索实践。在充分比较、借鉴国外福利事业建设经验教训基础上，结合家庭保障、单位保障、亲友互助等中国元素，中国福利制度建设走出了一条特色道路。在渐进改革进程中，理念上发生了从国家保险向互助共济的转变，在制度上发生了从覆盖部分群体的劳动权向普惠性的国民权的转变，在治理上发生了从行政化向法制化的转变，一步步建立起来现代化的全球最大社会保护体系。

一、渐进式改革与社会权利充实

改革开放以来，经过 40 多年的探索，中国现阶段已经基本建成涵盖生命历程各个阶段的社会保护制度：社会保障制度基本定型，劳资权利义务关系得到规范，民法典的颁布更是为全面的权利保护提供了法律依据。就社会保障制度的建设而言，中国走的是一条渐进式道路：在理念上经历了国家包办向共建共享的转变，在机制上经历了行政决策向法制化的转变，在发展路径上经历了封闭性、碎片化向普惠性、统筹协调的转变。在这个过程中，居民福利内容得到充实，福利水平逐步提高，呈现出非常清晰的演化路径，以表5-3提供的制度内容为例，根据郑功成、鲁全（2012）的《中国经济改革研究基金会项目》，大致可分为四个阶段（刘翠霄，2014；华颖，2019）：

（1）第一阶段（1978~1985年）：社会保障制度改革的准备。计划经济体制下的社会保障，由国家和单位（机关、事业、企业、农村集体）经办，全面保障、城乡分割、部门分割是其特征，城镇职工的高福利与农村社会保护缺失并存。同时，这一时期的社会保障制度基本上由行政手段所引领，欠缺规范性和稳定性。改革开放伊始，国家委派官员和专家对北欧国家福利事业进行了考察，并着手社会保障制度的调整，尽管国家保险这一内核没有被触及，但是福利体制社会化的必要性已经被认识到了。

（2）第二阶段（1986~1992年）：社会保障理念确立。配合国有企业改革，"七五"计划明确提出了社会保障概念，中国特色福利制度雏形由此产生：即国家、企业和个人权责互动、互助互济。随后，在1991年正式确立了基本养老保险的社会统筹制度；同时，在全国范围内推动建设农村养老保险制度的工作启动。

（3）第三阶段（1993~1997年）：社会保障制度建设的效率导向。就国内而言，党的十四大提出建立社会主义市场经济体制的目标，中共十四届三中全会将社会保障界定为市场经济体系的五大支柱之一，使效率优先、兼顾公平的理念得到落实。国际上的这个时期恰逢发达国家对传统福利制度改革和对新自由主义反思，工作福利受到重视，社会投资和积极福利国家等新理念受到关注，各类福利组合模式相互渗透。在借鉴新加坡、智利等国经验的基础上，结合国内实际，中国在这个时期推出了对后来影响深远的住房公积金制度和统账结合的基本养老保险制度。

（4）第四阶段（1998年至今）：社会保障制度建设向公平本质的复归。这是中国特色社会保障制度全面建设阶段，其主要标志有三个：一是1998~2009年陆续推出的城乡居民最低生活保障、医疗互助共济、农村养老保险以及失业保险制度，在充实福利权利的同时，也使中国社会保障体系具有了更加公平和普惠特点。二是 2010 年《中华人民共和国社会保险法》的颁布，标志着制度建设开始进入法制化轨道。在借鉴德国经验的基础上，以全民参保为目标、以权利义务结合为原则的社会保障框架形成，2012 年实现了基本养老保险、基本医疗保险制度全覆盖。三是 2018 年基本养老保险基金中央调剂制度的建立以及 2019 年降低社会保险费率方案的出台，意味着中国社会保障体系开始迈向更高的统筹层次。至此，以社会救助、社会保险和社会福利为核心，以慈善事业和商业保险为补充的新型社会保障体系基本定型，社会政策的重要地位得到确立。在社会保障体系逐步完善的过程中，"国家（政府）—市场（企业）—企业（个体）"组合模式和其他关系也得以有效调整：2007 年《中华人民共和国劳动合同法》的颁布，为和谐劳资关系的建立提供了规范；2012 年印发的《促进就业规划（2011—2015）》，是中国首部由国务院批转的促进就业专项规划，该规划系统阐释了积极就业政策的目标、机制及保障措施；2020 年颁布的《中华人民共和国民法典》为更加广泛的社会保护提供了依据。

表 5-3 中国社会保险和社会救助制度

四个阶段	制度内容
第一阶段 （1978~1985 年）	社会保障制度改革的准备阶段。基于劳动权的内部调整，自发性改革试验，在国有企业内部实行社会统筹
第二阶段 （1986~1992 年）	社会保障理念确立阶段。《国营企业待业保险暂行规定》（1986）；《关于企业职工养老保险制度改革的决定》（1991）
第三阶段 （1993~1997 年）	为市场经济改革配套阶段。《农村五保供养工作条例》（1994）；《关于深化城镇住房制度改革的决定》（1994）；《关于深化企业职工养老保险制度改革的通知》（1995）；《关于建立统一的企业职工基本养老保险制度的决定》（1997）
第四阶段 （1998 年至今）	中国特色社会保障制度全面建设阶段。《关于建立城镇职工基本医疗保险制度的决定》（1998）；《失业保险条例》（1999）；《城市居民最低生活保障条例》（1999）；《关于进一步加强农村卫生工作的决定》（2002）；《关于完善企业职工基本养老保险制度的决定》（2005）；《关于开展城镇居民基本医疗保险试点的指导意见》（2007）；《关于在全国建立农村最低生活保障制度的通知》（2007）；《关于开展新型农村社会养老保险试点的指导意见》（2009）；《社会保险法》（2010）；《关于开展城镇居民社会养老保险试点的指导意见》（2011）；《关于建立统一的城乡居民基本养老保险制度的意见》（2014）；《社会救助暂行办法》（2014）；《关于机关事业单位工作人员养老保险制度改革的决定》（2015）；《关于整合城乡居民基本医疗保险制度的意见》（2016）；《关于进一步加强医疗救助与城乡居民大病保险有效衔接的通知》（2017）；《关于建立企业职工基本养老保险基金中央调剂制度的通知》（2018）；《降低社会保险费率综合方案》（2019）

二、福利制度完善的挑战与改进方向

2019 年，中国基本养老保险参保人数 9.7 亿，基本医疗保险参保人数 13.5 亿，失业保险参保人数 2.1 亿，城乡居民最低保障人数 0.4 亿，农村贫困人口发生率降到 0.6%（2010 年标准），社会保障实现了全覆盖。而且，在结构性减速的背景下，中国未来仍然争取确保每年 1000 万人以上城镇新增就业，积极就业政策潜力巨大。但是，不可否认的是，受到经济发展水平的限制，中国居民生活中与广义人力资本相关的消费水平偏低，目前刚突破 1000 美元，在福利保障方面还有很长的路要走。本章之所以把这个高质量发展综合指标数据拿出来进行国际比较，原因是从工业社会向福利社会的转变过程中，城市化本身内含着公共服务提升的要求，高质量发展不仅最终要落实到生活水平上，而且也是分享与人的发展的最好体现。近年来，随着对经济发展和城市化规律的认识深化，中国从工业型社会向福利型社会变迁的制度建设已初具面貌。特别地，党的十八大报告明确提出人民发展权利这个现代化理念，"十四五"规划在养老保险、社会保护、社会服务诸方面给予了更多关注，这是适应经济新常态下结构条件变化的重大认识转变，同时也对未来福利制度建设提出了更高要求。就福利制度完善所面临的挑战与改进方向而言，以下四个问题有待深入探索：

（1）社会保障体系的规范化亟须进一步加强。主要采取以下五个措施：一是根据宋晓梧等（2019）的《中国—欧盟社会保护改革项目》，"十四五"时期需要弥补的短板包括尽快实现养老保险的全国统筹，明晰全国统筹框架下中央与地方的管理责任和财务责任。二是选择适当时机推出延迟退休方案，延退方案的完善应当与养老保险制度完善和老龄服务事业健全相配套，以避免延退导致的不公平。三是健全多层次社会保障体系，推动企业年金及其他补充保险形式的发展与规范，增强养老保险体系的稳定性。四是加强社会福利体系建设，推动社会力量参与服务提供；推进住房保障制度改革。五是推动社会保障体系的法制化建设。立法先行是社会保护的本质特征，目前已经颁布《中华人民共和国社会保险法》《中华人民共和国社会救助法》，在此基础上，建议尽快制定养老保险、医疗保险、儿童福利等领域的条例或法规。

（2）财政可持续成为城市化过程中的核心问题。财政可持续问题的中心，逐渐转向对人的发展的支持，成为一种复杂的福利社会发展命题。虑及老龄化、服务需求增加等一系列问题，在效率—福利之间进行动态平衡成为发展主线，社会投资和创新也因此成为应对发展风险的主要途径。与福利国家工业化制度不同，受到二元经济初始条件制约，中国工业化在很大程度上带有"准福特主义"特征：作为国际产业转移的接受国，技术采用了大规模标准化模式；劳动组织上利润分享机制缺失。由此，在福利制度建设方面，中国没能像发达国家那样"恰逢其时"，即在高增长时期，利用宽松的宏观环境建立起完善高效的社会保护网。未来充实福利内容、提升保障能力的政策安排，应放在全球化、服务化、老龄化的趋势下权衡，社会政策设计上可以借鉴欧洲结构性改革的有益成果，提高社会支出的生产性，达成社会保护体系建设的渐进性、连续性和高效率。

（3）应该立足于经济社会一体化看待人的发展。人的发展由一系列权利构成，分享最终要落实社会政策上。围绕个人发展建立的社会保护涉及从幼年到老年的一整套社会保障政策，这套政策的重要社会目标是福利国家知识中产群体的培育，或者说贫困人口的绝对减少。当然，公共支出也在整体上惠及所有社会群体。"十四五"规划首次提出高质量发展服务于人民福祉，在坚持发展优先的同时关注社会发展短板修补，可以期望中国未来十五年将迎来社会权利内容的充实时期。对教育、家庭、养老的重视，是一种符合城市化发展规律的、更加有远见的认识，毕竟，在知识经济时代，离开了社会发展这个大前提，就不可能产生经济活力。

（4）应该立足于人的发展看待人口结构。福利社会中的人口结构调整，需要以人的发展为前提，否则将陷入人口增长的"庞氏循环"。发达国家福利制度改革的动因大致有两个：一是婴儿潮到了退休年龄所带来的压力；二是人口寿命增长所带来的额外压力。这两种压力不太可能通过增加生育率得到舒缓。实际上，根据福利国家理论，合理的人口增长应该满足如下假设：即现在增加的人口，在未来的社会权利应该不会缩小，或者享受的福利水平不会降低。相反，如果人口增长只是以补偿近期社会保障缺口为目的，那么由于没有考虑到未来的福利提供能力，这种做法只会以牺牲未来世代人口的福利。因此，有关问题值得认真考量。

良好的社会组织是高质量发展的必要条件。"中等收入陷阱"之所以存在，是因为发展中国家在步入中等收入阶段之后，难以缓解不利于发展可持续的社会排斥。由于忽视社会保护，更高增长最终带来的可能是更大的社会不公平，以致社会排斥更加严重。对于发展中国家而言，如果说工业化后期鲜明的主题是什么，答案或许是重塑经济社会协调机制。

第五节 结论

福利国家理论把确认社会权利与塑造社会秩序作为制度建设的主要目标，这是形成各国发展模式的最核心标志，并已成为一种对未来具有决定性影响的社会机制。本章关于分享机制及相应规范演化的分析，进一步给这种论断提供了佐证。在分享与高质量发展关系问题上，本章得出三个主要结论：一是人是最重要的财富。经济发展的最终目的是社会发展，只有通过社会权利的确认，才能实现经济成果的内部化——即转化成人力资本与创新潜力。二是全球化、老龄化、服务化带来更多的不确定性，风险分担成为保障高质量生活的最后屏障。三是社会凝聚是最重要的发展保障。产出扩张自身不会解决社会问题，在一个缺少了社会保障的地方，增长反而加剧了不公平和贫困问题。福利国家的作用已经远远超出了传统的安全网概念（即被动的转移支付），20 世纪 90 年代以来社会投资理念的引入，注重构建瞄向未来的代内代际社会契约，以社会支出的生产性促进社会凝聚和社会活力。

参考文献

［1］Petersen, J. H. A normative Theory Concerning The Welfare State and Its Inherent Dilemmas ［M］. EURASHE, 2012.

［2］［德］斐迪南·滕尼斯. 共同体与社会 ［M］. 张巍卓，译. 北京：商务印书馆，2019.

［3］［法］涂尔干. 职业伦理与公民道德 ［M］. 渠敬东，译. 北京：商务印书馆，2015.

［4］涂尔干. 社会分工论 ［M］. 渠敬东，译. 北京：生活·读书·新知三联书店，2017.

［5］Marshall T. H. Citizenship and Social Class and Other Essays ［M］. Cambridge：Cambridge University Press，1950.

［6］彭华民. 福利三角：一个社会政策分析的范式 ［J］. 社会学研究，2006 （4）.

［7］［美］塔尔克特·帕森斯，尼尔·斯梅尔瑟.经济与社会［M］.刘进，等，译.北京：华夏出版社，1989.

［8］Aglietta M. A. Theory of Capitalist Regulation：The US Experience［M］. England：Verso，2015.

［9］Galbraith J. K. The Affluent Society［M］. Boston：Houghton Mifflin Company，1971.

［10］Amable B. The Diversity of Modern Capitalism［M］. Oxford University Press，2003.

［11］Esping-Andersen G. Three Worlds of Welfare Capitalism［M］. Princeton NJ：Princeton University Press，1990.

［12］袁富华.资本积累、社会支出与社会投资：再析多目标动态平衡［J］.云梦学刊，2020（5）.

［13］OECD. Beyond 2000：The New Social Policy Agenda［M］. OCDE/GD（96）170，1996.

［14］周弘等.欧盟国家多层社会保障制度体系［C］.中国—欧盟社会保护改革项目，2019.

［15］吕青，赵向红.家庭政策［M］.北京：社会科学文献出版社，2012.

［16］张敏杰.德国家庭政策的回顾与探析［J］.浙江学刊，2011（3）.

［17］冯英，聂文倩.外国的社会救助［M］.北京：中国社会出版社，2008.

［18］郭馨冉.瑞典家庭政策的经验与启示［J］.社会福利（理论版），2019（10）.

［19］雷杰，张力炫，蔡天.英国家庭政策的历史发展及类型学分析［J］.广东社会科学，2017（4）.

［20］吴湛.转型时期中国消费结构升级的问题与对策［D］.北京：中国社会科学院研究生院硕士学位论文，2021.

［21］刘翠霄.中华人民共和国社会保障法治史［M］.北京：商务印书馆，2014.

［22］华颖.中国社会保障70年变迁的国际借鉴［M］.北京：中国人民大学学报，2019（5）.

第六章　经济社会一体化：
多目标平衡与治理机制

第一节　引　言

本质上，发展是一个基于结构条件变化不断创造报酬递增机制的过程。经济社会政策的选择及其平衡，由特定发展阶段目标决定。工业化时期中国的发展战略以经济建设为中心，总体目标是加速资本积累，满足基本物质和服务的生产消费需求。与此不同，中国城市化时期的发展路径由服务业和消费主导，核心理念是"经济建设服务于社会发展"，以人为中心的社会政策的作用凸显，由此产生城市化时期效率—福利动态平衡的内在要求，且需要治理结构现代化的制度保障。

发展阶段及其主要矛盾的变化，引致经济社会目标和政策平衡机制的变化。随着结构服务化主导中国新常态趋势的形成，一些不同于工业化规模经济的问题也随之出现，为此，有必要提供一种理论认识的反转：从生产供给角度看待消费，转变为从消费角度看待生产；从制造业发展角度看待服务业，转变为从服务业发展角度看待整体经济；从经济政策看待社会政策，转变为从社会政策看待经济政策。我们认为，这是理解转型时期经济社会一体化的关键。

现阶段中国城市化问题的主要问题，源于工业化资源配置的路径依赖，主要表现为创新动力不足、要素质量升级滞后以及经济社会发展脱嵌。治理结构现代化的目的是推动发展型国家向规制型国家转变，在发挥制度红利的基础上寻求结构服务化的效率补偿效应，避免无效率增长下的滞涨风险。治理结构现代化的重点，应该围绕分享型就业机制的建设，通过制度互补性进行系统整合。

第二节　经济社会一体化的国际实践与理论基础

后工业化时期以高度城市化为标志的西方成熟社会，其经济社会目标和政策与工业化时期有相当大的差异。围绕罗斯托关于工业化奇迹之后政策选择的再平衡思想，我们在前期一系列研究中，对城市化时期多目标动态平衡的问题与机制进行了初步探讨（袁富华等，2019；付敏杰等，2018；Rostow，1960），将其综合在城市化时期效率—福利的动态平衡框架下，并因此把经济社会一体化视为高度现代化的一种必然。这种理解既有发达国家的历史实践可供借鉴，也有充分的经济社会理论基础，特别体现在发展理念变化、城市化特殊性以及国家作用的再定位之中。

发达国家长期增长所蕴含的一个铁律，是报酬递增机制的创造和再造，这是发展阶段转换和经济演化的本质。体现为技术创新及治理结构现代化的报酬递增机制，在经济因素与社会因素的相互作用中生成、演化，以此推动历史阶段的顺次递进，呈现高质量发展的动态图景。随着发展阶段从大规模工业化向工业化后期城市化的升级，为了寻求效率持续改进以满足多样化的福利需求，发达国家不断调整完善制度结构和经济社会结构，由之，现代化理念也处于动态变化之中。"二战"后世界经济社会所呈现的加速减速规律，特别鲜明地体现了这种趋势。

一、作为工业化发展成果的经济社会一体化趋势及其理念

根据发达国家经验，经济社会一体化内生于现代化过程之中：即社会发展的制度化建设，由技术创新和管理创新推动，并作为新一轮创新的条件和规范存在，以此促进经济效率改进与制度质量提升的良性互动，报酬递增的发展本质蕴含在这种机制之中。与工业化时期重积累、重产出的技术理念不同，经济社会一体化的要点，在于围绕社会政策制定实施经济政策，我们认为，这种差异是理解"二战"后发达国家转型和城市化可持续的关键。

尽管各国制度模式差异显著，但从经济绩效和社会发展的总体表现来看，20世纪50年代以来发达国家现代化过程大致可以分为两个阶段，见证了分享机制与福利制度的建设与完善：

（1）第一阶段围绕规模工业化的生产供给展开，对应着 20 世纪 50~70 年代的结构性加速，微观动力来自福特制在资本主义世界扩散，这种制度适应了重化工业化、深加工度化以及垂直一体化的生产方式。这个时期，发达国家为了利用工业化的规模效率优势，结合特定国情演化出了各自的制度模式，典型如日本的供应商体制、德国的参与型企业等（Amable，2003）。受到凯恩斯主义的影响，各国政府对经济活动广泛干预，目的是提高私营企业效率，这一点在加尔布雷斯（2012）的著作中有着鲜明体现①。配合生产端的效率改进，这个 30 年公共服务支出急剧增长，到 20 世纪 80 年达到峰值。

（2）20 世纪 80 年代以来开启的第二阶段，以三种理念和社会态度的反转为标志——从生产供给角度看待消费，转变为从消费角度看待生产；从制造业发展角度看待服务业，转变为从服务业发展角度看待整体经济；从经济政策看待社会政策，转变为从社会政策看待经济政策。这种反转发生的背景，是服务业主导下发达资本主义新形态的出现，包括生产组织层面上水平分工取代垂直一体化，知识白领或知识技术阶层取代蓝领阶层成为社会主体，以及效率—福利多目标动态平衡取代工业化相对单一的目标等。

二、一体化政策目标框架

立足于上述总体趋势的观察，可以看到，政策一体化制度框架的生成和演化，沿着技术、社会和治理三个层面展开，分别对应着工业化时期的规模经济、知识中产阶层扩大再生产以及转型时期制度调整，目的是适应发展阶段变化的要求。其间，由不同结构条件所塑造的发展理念不断更新，最终推动了与高度现代化内在一致的激励结构的形成。"二战"后至今发达资本主义的转型，虽然制度上不断调整但却保持着连续性和稳定性，并作为后续生产—消费高质量发展的条件，新目标、新环境、新要求的反馈路径由此形成。总体来看，自 20 世纪 80 年代以来，蕴含在发达资本主义转型过程中的效率—福利目标平衡机制有以下三个：

（1）从产业结构升级中培育创新动力。知识经济的兴起改变了生产结构和生产组织，这种不连续的结构因素导致创新源泉发生变化，由以往大规模工业化

---

① 笔者在《新工业国》中，用了最后 11 章的篇幅，对以下观点进行阐述：在工业化时期，国家多重经济社会目标的制定，都是为了促进大企业产出和效率提升。

约翰·加尔布雷斯. 新工业国［M］. 嵇飞，译. 上海：上海人民出版社，2012.

时期的工业技术创新，转向以服务业高端化为基础的知识创新。在充分挖掘了重化工业化和深加工度化规模效率的基础上，为了寻求蕴含于知识经济中的报酬递增机会，发达国家竞争的焦点转向服务业高端化，科教文卫等与要素升级关系密切的领域受到重视。经由这些知识密集产业的发展，发达国家实现了生产—消费结构升级的互动以及市场激励与公共服务提升的互动。

（2）知识中产阶层的扩大再生产。发达国家工业化带来的显著社会变化，是知识中产阶层的崛起（袁富华等，2018a），主要归因于"二战"后高技能和高等教育的迅速普及。根据 Kochhar（2017）所提供的数据，欧美老牌资本主义国家中产及中产以上人口比重普遍在80%左右，平均教育年限高、人均收入水平高是其主要特征。作为高度现代化的内核，知识白领阶层充当了协调经济社会和谐发展的纽带，既是消费生产性（或人力资本积累的）源泉，也是缓冲社会不公平压力的减震器。

（3）国家治理结构现代化。权利—利益制衡机制连同呼吁—退出机制的建设，是发达国家治理结构现代化的根本特征，也是推动治理现代化的根本力量（赫希曼，2001，2017）。这种治理结构面对经济社会条件变化，表现出较大的适应性，并使参与和分享制度在知识经济时代得以完善与巩固。从根本上来说，发达国家规制型政府与新兴工业化国家发展型政府的重要区别，在于运用规则和妥协维护要素所有者的利益均衡，包括产权保护、竞争激励和社会保护等在内的一系列正式或非制式规则的建立，成为效率—福利动态平衡的助推器。

三、结构服务化的特殊性与多目标平衡机制

20世纪80年代以来知识经济的发展，有力地推动了工业型社会向知识型、福利型社会的升级。上述技术创新、社会发展和制度变革三个层面的目标，在工业化时期逐步形成并在结构服务化条件下进一步完善：换句话说，发展中心从生产供给转向高端人力资本积累，要素质量升级成为建立在工业巨大生产力之上的新的需求和趋势。这种转变由高度城市化的特殊结构条件所致，也是经济社会政策再平衡作用的结果。具体体现在以下三个方面：

第一，后工业化时期城市化的特殊性，使政策选择及其再平衡方式发生了改变。发达国家福特制主导的大规模工业化，在三个原则的互补与平衡中寻求生产率持续增长：即分工精细化、工资讨价还价以分享进步红利、资本积累与消费升级协同演化（Boyer & Saillard，2002）。以物品产出和供给为中心的这个阶段，

社会政策目标服从于经济效率目标，尤其是大企业发展目标。当工业化主导在高度城市化时期被结构服务化主导所取代，经济发展促进社会发展与人的发展的理念逐步形成，体现在发达国家在社会学、心理学思潮对工业化的反思中。在社会政策一体化目标的平衡中，倾向于强调由科教文卫事业发展所主导的人力资本积累，进而呈现出向需求支出端要效率的特殊景象。

第二，需求支出端的生产性与效率补偿。间接效率补偿与消费结构升级中所蕴含的生产性有关。我们在前期一系列研究中，对消费的效率补偿机制进行了探索，旨在说明内需主导的城市化可持续性的源泉，在于劳动力要素升级和知识过程创造，这都需要科教文卫等高端消费项目的支持，从而间接提供创新动力。从制度化方面来看，要素质量升级所涉及的大都是外部性较大的公共领域，公共服务支出能力提升也就成为可持续发展的内在要求，并由此引出经济效率—福利制度动态平衡重要性。直接的效率补偿来自服务业结构升级，沿着消费结构升级以及其他部门高质量发展的需求，位于高端的知识生产部门得到发展，知识的扩散推动服务业和制造业一体化融合。

第三，适应社会目标的产业政策调整。从实践上来看，顺应工业型社会向知识型、福利型社会转型的趋势，自20世纪90年代以来发达国家一改以往选择性、特定性产业支持政策，转向促进研发和支持创新扩散，注重营造良好的科技创新环境和营商环境，高度城市化时期的产业政策更加具有前瞻性和综合性。无论是美国一系列创新法案和国家创新战略，抑或是欧盟信息化和竞争力战略，还是日本科技创新立国战略，都是根植于要素质量升级和知识创新的预期之中。经历了20世纪50~70年代的快速增长后，20世纪80年发达国家社会保障、教育、医疗等公共支出达到顶峰，公共服务制度化建设进一步完善，城市化可持续的先行条件准备就绪，也因此使（置于后端的）产业效率改进具有了连续性，发达国家用各自的现代化实践，讲述了从工业化时代向信息化时代递进的完整故事。

第三节　中国以经济建设为中心的历史阶段性及其在转型时期的脱嵌与失衡

以上述发达国家经验和现代化理论为参照，本部分考察中国工业型社会向知识型、福利型社会转型时期所遇到脱嵌或失衡问题。就经济社会一体化目标和机制而言，具体表现三个层面的偏离（或三重挑战）：一是干中学模仿复制技术路径依赖，与城市化时期可持续发展要求不相适应；二是中国资本驱动模式，抑制了知识技术层的扩大再生产，迟滞了劳动力要素升级（袁富华等，2015）；三是原有以经济建设为中心的工业化资源配置体系，与城市化时期基于社会发展的理念不相适应。

可以认为，上述失衡问题是由中国新常态下新旧动能转换摩擦所引致的，且成为发展型国家向规范型国家嬗变的瓶颈制约。从共性上来说，干预加市场的中国工业化资源配置体系，符合发展主义初期阶段的一般规律：不论是"二战"后欧洲和日本对美国的追赶，还是中国工业的迅速崛起，都得益于银行主导的资源集中配置体制。与发达国家福特主义技术路径一致，中国经由大企业主导的重化工业化，成功地将人口红利转化为资本积累，奠定了现代化所需的巨大生产力物质基础。从特殊性来说，中国承接国家低端产业转移的同时，技术组织上沿袭了流行的生产模式，但是受制于城乡二元性这个初始条件，逐渐发展出一种生产优先的"准福特主义"——即重投资轻消费、重物质资本轻人力资本、重规模轻质量。这种资源配置体制以短期利润最大化为特征，与城市化内生效率改进的要求脱节，集中体现为转型时期经济发展与社会发展脱嵌或失衡，这是理解治理现代化重要性的关键。根据前文所述，后工业化时期结构服务化主导经济的显著特征，在于要素质量升级的要求变得迫切，发展理念的反转也集中体现为对社会发展目标的重视上。为此，我们强调以下三点：

一、立足于服务业结构升级，看待效率改进和宏观稳定

结合中国现实问题，这里提供两点分析。

（1）报酬递增的源泉和机制。由工业化时期向人口红利要效率，转变为城市化时期向服务业结构高端化或知识经济要效率，从理论上来讲，中国产业转型连续性需要内生的创新机制支撑，或者就像发达国家表现的那样，有一个人力资本积累的平台，通过新机会的创造抵消资本报酬递减压力。但是，中国工业化后期面临的问题，恰恰是人力资本升级滞后所带来的瓶颈，中低层次人力资本主导的产业发展从技术能力和消费能力两方面形成制约。现阶段中国经济结构上的困境主要是工业化资源配置体制路径依赖所致，典型如干预和银行主导的投融资体制，将工业规模化扩张模式移植到城市化和服务业发展过程中，对"快钱"的

盲目追逐，导致房地产"虚业"挤掉"实业"，从根本上抑制了服务业高端化。这种无效率的增长蕴含了风险累积机制：虚业在挤掉实业的同时，也导致服务业规模化扩张，这种数量型扩张在长期中不利于提高就业质量和收入水平，进一步导致人力资本投资能力低下，反过来抑制产业升级，并打破城市化过程中效率和福利目标的动态平衡。

（2）结构上的矛盾影响到宏观层面的稳定，这是发展型国家常见的问题。转型时期不稳定的根源是"虚业"盛行——典型如房地产和"互联网+"的不适当运用，"快钱"思维本质上是旧体制追求利润最大化的不良遗产。需要强调的是，转型时期宏观形势的研判，需要立足于结构服务化的大背景，特别是关系民生的通胀趋势的判断，应该联系对于结构优化有潜在影响的指标进行分析。我们的前期研究（袁富华等，2018b）将这类指标称为"隐性通胀"因素，原因是，不同于资本驱动的投资需求诱致的通胀，城市化时期的通胀成因由工业部门转移到服务业，不仅包括房地产部门，还包括科教文卫等高端部门，这都是影响未来潜力和增长预期的结构成分。从发达国家历史经验来看，城市化总体趋势是这类隐性通胀因素导致的不稳定。据此我们认为，鉴于中国科教文卫等服务业高端项目供给和人力资本升级存在短板，由此导致的效率补偿能力不足，是未来通胀趋势的最大隐患（城市化过快发展引致的农业供给短板，也值得重视）。

二、立足于知识中产阶层扩大再生产看待社会发展

除了"脱实向虚"的效率失衡，转型时期脱嵌或失衡的另一个重要诱因是知识技术阶层发展滞后，这在拉美国家表现得比较明显。对于新兴工业化国家而言，能否实现经济对社会发展的嵌入，或者说能否达成劳动力要素质量升级，是突破中等收入陷阱的关键。对于中国而言，以经济建设为中心的阶段性目标基本实现，但是人口红利之后面临的挑战，在于要素质量升级机制及知识创新过程，其成败取决于知识中产阶层扩大再生产能力。

有必要对一个流行的认识误区进行订正。现在有关经济增长保6与否的争论，不少基于增长速度来预测中国什么时候达到发达水平，这是误解。鉴于发展型国家的结构性因素制约，工业化后期能否再上一个台阶，不是纯粹的统计数据游戏，而是艰难的系统性转型问题，特别是人力资本升级。知识中产阶层扩大以及治理结构的建设完善。因此，经济发展本质上是一个效率—福利动态均衡概念，是对报酬递增机制的不断寻求而非简单的统计预测，关键是如何通过要素和

结构升级保持可持续的增长。

提供一个数据说明。北京和上海作为全国最发达的两个城市，目前人均GDP均突破2万美元，进入发达水平的门槛。同时，作为全国高级人力资本最集中的两个地区，也代表了社会发展的最高水平。即便如此，北京和上海发展型特征仍然很突出（见表6-1），两个发达地区与日本、韩国平均人力资本水平相比仍有很大的追赶空间，尤其是作为主要储蓄者的35~54岁几个年龄组，高等人力资本普及率相差20年左右①。我们的前期研究也表明，日韩两国在后工业时期均经历过高等教育普及的15~20年的快速提升时期。根据这种经验可以预想，中国如果要将城市化机遇变为现实，需要创造一个人力资本快速提升机制，但是这需要教育、培训的大力投入和治理机制的精心设计。

表6-1　　2015年各个年龄组人口高等教育比重及其对比　　单位：%

年龄组	北京	上海	韩国	日本
25~29 岁	44.0	32.8	85.0	42.1
30~34 岁	45.8	33.6	78.3	55.5
35~39 岁	39.0	25.1	70.3	54.1
40~44 岁	27.3	16.3	56.1	46.7
45~49 岁	20.2	10.3	46.0	46.5
50~54 岁	14.9	7.3	36.5	41.4
55~59 岁	9.6	3.9	25.3	41.4
60~64 岁	9.2	3.7	18.4	23.3

资料来源：Barro-Lee.com；北京和上海1%人口抽样调查。

上述分析可以这样归纳，转型时期的脱嵌问题，根本上是由需求支出端无效率所致。具体包括两种情景：一是由于缺乏知识中产阶层的支持，消费结构升级能力不足，无法提供城市化持续增长的内生动力，即消费不具有效率补偿性；二是公共服务支出无效率，表现为公共大量投资于回报率低下的基础设施，在人口红利结束之后，唯一的效率路径是保证科教文卫等人力资本的投资。

三、立足于规制型国家建设看待治理结构现代化

经由治理结构现代化增强制度韧性，用制度多样性理论解释，就是通过制度

---

① 依据分段年龄组，大致可以递推高等教育普及率的差距。

设计推动发展型国家向规制型国家转轨。党的十九届四中全会将国家治理作为重要战略目标提出，可谓抓住了转型问题的本质。现阶段产业结构失衡以及经济社会脱嵌，要从原有经济体制的路径依赖上找原因。治理结构现代化既要保持制度连续性（以便为效率提升创造一个稳定环境），又要增强就业系统、投融资系统和公共部门的韧性，以此判断为参照，现阶段的实质性问题可归结为以下三点：

（1）投融资体制与结构服务化的激励不相容问题。银行主导、大企业主导的工业化资源配置体制，反映了中国高速增长时期典型的发展主义特征。与大多数发达国家——如日本和欧洲老牌资本主义国家不同，中国为了实现快速工业化追赶，采取了短期利润最大化的静态比较优势策略，与欧洲和日本所采取的平衡发展分享的"反利润"模式存在极大不同。短期利润追求的工业化模式，与中国二元经济的初始条件有一定程度的相容性，但是这种以激励投资为目的的资源配置体制，却与结构服务化和消费主导的知识经济不相容。原因是，随着服务业对制造业的替代，原有大规模资本驱动的基础削弱甚至消失了，在以质量和结构升级趋势引领新时代的理想条件下，原有投融资体制需要调整和重塑，为新的报酬递增机制提供相容的激励。

（2）市场缺位与退出机制缺失。中国的发展主义采取了政府组织市场的策略，使市场机制符合国家战略，也因此导致了转型时期市场缺位和退出机制缺失。为了保持体制的连续性，与"二战"后其他工业化追赶的举国体制不同（典型如日本），政府组织市场在中国采取了直接经济运行的方式，国有经济嵌入高增长机制中，这样做的优势是推动了资本积累的迅速完成，劣势是导致市场缺位——即必要的市场规范机制的缺失，当前频发的借贷违约问题以及僵尸企业难以退出的问题，就是这种问题的反应。从这一点来看，转型时期的脱嵌，也表现为市场制度供给能力与规则需求之间存在缺口。就像发达国家在高度城市化时期以公共财政深度干预社会发展那样，发展型国家的干预在结构服务化时期同样重要，只是政府角色转变为提供市场规则和公共服务，法制化和制度化是解决市场缺位的重中之重。

（3）经济社会一体化的信任机制与呼吁机制问题。信任与呼吁机制的建立和完善，是国家治理结构现代化的标志，也是发展型国家嬗变为规制型国家的关键制度关节。效率不能替代制度建设，一味追求效率可能导致欺诈、责任感丧失等一系列道德风险，增加治理成本、削弱发展潜力。信任和呼吁规定了经济活动参与人交换规则和规范，包括正式的、非正式的经济社会规则，它的作用是降低不确定性，并为实验、试错等创新行为带来激励。发展型国家与规制型国家在这个制度的领域的重要差别，就在于个体表达个人信念的成本相对较低，健全的呼吁机制阻止低效率风险累积。发展型国家工业化时期制度供给以经济建设为主，特别是银行主导的选择性资源配置体制，人为地挑选了优胜者，致使经济中大部分信用机制和交换惯例得不到培育，这是与金融市场主导的发达经济的重要差别。同时，信任和呼吁机制也是丰裕时代需求多样化的产物，原有资源配置体制下受到忽视的中小企业和消费者，当有能力和意愿参与发展分享的时候，都同样面临有关制度建设的迫切需求，制度红利的大部分作用由此得到体现。

第四节　多目标动态平衡：制度互补性与均衡恢复

理论上，多目标动态平衡机制属于制度模式多样性和制度互补性的研究范畴，回顾一下稍早时期的文献，至少可以追溯到20世纪70年代法国调节主义学派对福特主义问题及其后资本主义转型的分析。根据这种理论及其变种，主要体现为：特定发展模式由就业系统、市场组织框架、金融系统、政府、开放系统根据各国国情组合而成。这五类体制在目标上基于特定结构条件实现互补，形成一定时期稳定的经济社会治理机制，如果某个系统出现问题，通过反馈机制作用于其他系统；如果冲击足够大，将会导致发展模式整体上的调整和转型，适应于新的发展条件的互补性制度也相应产生。这是20世纪70年代之后发达国家试图扭转福特主义所导致的通胀困境的大致阐释。从理论上来讲，这种解释对于中国转型治理分析具有启发性。

参照发达国家经验，前文述及中国"准福特主义"的发展模式在工业化后期所遇到的主要困难，并把多目标平衡问题归结为结构服务化过程中效率—福利提升的动态均衡问题，强调城市化时期理念和政策变化的两个趋势：即从生产供给为中心转向要素质量升级以及从经济建设为中心转向社会发展为中心。实际上，自2010年以来这种转型趋势已经显著起来，尽管受到投融资体制扭曲的困扰，特别是对房地产价格高启以及地方政府债务平台风险的担忧，但是在解决问题过程中，中国宏观政策逐渐转向支持城市化高质量发展的大方向却是非常清晰的。根据国际转型经验，未来一二十年中国将会出现一个公共服务支出快速增长时期，这种城市化的客观规律必然会对经济效率持续改善提出更高要求，以效率覆盖城市化高成本成为避免风险的唯一路径。为此，需要完善治理机制推动效率补偿的达成。这里结合一些具体的平衡机制，从制度互补性角度给出一些扼要提示，核心是说明以多目标平衡增强发展分享能力。

一、新发展理念：从联系的角度理解多目标平衡

适应结构服务化新常态下经济社会条件变化，"创新、协调、绿色、开放、共享"新发展理念不仅体现了多目标综合平衡的发展思想，而且突出了运用系统论和联系观点理解转型问题的方法论，具有很强的前瞻性且具有制度多样性、互补性的理论逻辑，是对"以经济建设为中心"传统发展认识的突破。当把新发展理念贯穿到五类制度组织系统时，其因素联系和因果机制，就是围绕中国工业化后期民生事业塑造经济效率系统，实现效率与福利的动态平衡。综合来看，通过制度调整达成高质量消费与高质量生产供给的相互促进。

据此我们可以将发展目标的重置及其关系做一概览主要体现在以下三个方面：

（1）以消费结构升级促进生产效率提升。这是从就业和收入提升角度看待生产率提升，与高速增长时期基于短期利润最大化看待规模效率的角度显然不同。消费结构升级对应着未来高质量就业和收入水平的持续提高，与"耐心"的前瞻性目标密切关联，具有跨期多、贴现率高的特征，这是消费主导不同于资本驱动的效率机制，也是消费生产性和效率补偿潜力所在。

（2）以服务业结构升级促进整体经济发展。以产业论，结构服务化下改善效率的机制是升级服务业结构，服务业高端化作为知识经济的典型特征，其目标着力于知识过程的建立，知识创新、垄断、扩散作为新的报酬递增机制存在，也是服务业提供效率补偿效应的源泉。

（3）经济发展服务于社会发展和民生改善。两类目标误置是导致城市化时期各类矛盾的根源。社会保护目标与相应制度建设，一方面是为了适应工业化后期需求多样性，另一方面也是缓和工业时期加剧的社会不公平问题。目标权衡和重置的核心，在于民生事业发展具有动态效率支撑。

二、顶层设计：政府目标及其在联系中的作用

放在转型时期理解，顶层设计这一理念提出的背景有两个：一是政府发挥作

用的环境变化了，政府与其他制度系统的目标及其联系变化了，典型如经济发展在服务于社会发展的要求下，政府能把法制化和民生事业做好，就已经尽职尽责了；二是作为发展分享的重要推动者，政府被嵌入非线性的经济社会关联网络之中，或者说，传统发展型政府的统治者角色，有必要转变为经济社会联系中的利益博弈合作角色，这是规制型政府的特征，它具有与其他制度系统妥协的能力。因此，执行顶层设计的政府，原则上是社会一体化政策的协调者。

为协调各类制度系统及其目标，结构服务化时期政府功能将发生以下三个转变：

（1）由直接干预和供给端激励，转变为促进需求端升级。公共服务支出有效性的衡量，一大类指标是教育和社会保险，属于广义人力资本提升范畴，与劳动力质量提升、社会保护等有关。这一块公共服务提供能力及其可持续性，是效率—福利平衡能力的核心，也是决定城市化可持续性的关键，掉进中等收入陷阱的大多数国家，都是在这个环节上出了问题。

（2）规则设计者、提供者。城市化时期政府的主要功能转型促进需求端，相应把产出供给的激励交个市场，这是政府、市场划界的基本轮廓。但是，对于中国而言，这个过渡的挑战很大，原因在于政府直接干预所导致的市场缺位，需要以新的制度规则进行弥补，这也是转型时期强调法制重要性的原因。

（3）国家创新体系建设。包括基础研发平台提供，功能性产业政策的设计等，涉及创新潜力、营商环境的塑造。

三、就业系统：从维持型向分享型转变

在前期研究中，我们对中国就业系统在新常态下的演进趋势进行了分析，认为维持型就业系统向分享型就业系统的演变，是提升就业质量、促进效率改善的客观要求。从联系和目标平衡角度来看，这种转变具有极其重要的意义。作为国民经济的核心环节，就业领域的制度变化，涉及公共服务目标、市场组织以及投融资制度的变化，即关乎发展模式的整体转型。中国工业化的持续扩张，长期依赖于二元分割的就业制度，行政垄断部门的就业受到高度保护，如稳定的就业、较高的工资以及乐观的职业生涯等，相比较之下，农民工和城市部分低素质劳动者处于劳动力市场的弱势一方，就业不稳定、缺乏社会保护问题突出，但这部分就业群体却构成中国劳动力供给的绝大部分，中低层次教育程度是其特征。

福特主义的特征是利润分享，这种制度设计产生于发达国家高增长时期，并

促成了生产消费高质量的协同演化。相比较而言，中国将在中低速新常态下补充发展分享这个短板，在劳动力代际更新过程中推动要素质量升级，因此面临的压力会更大。未来挑战是如何提高公共服务能力满足人力资本积累要求，这里仅就社会保护的制度化问题提供两点分析：

（1）就业保护与合同实施。规制型政府的作用在很大程度上体现在就业的社会保护上，除了教育公平以促进整体劳动力质量提升外，还包括提供失业保险以及劳动力市场保护规则。中国庞大的劳动力规模为城市就业市场施加了巨大压力，经济社会不稳定的根源也在于就业合同的不完备，劳动契约规范需要政府与企业之间进行制度妥协。

（2）提升就业能力和学习激励。就劳动力更新过程中人力资本升级途径而言，中国相对有限的普通教育资源，意味着只能有少部分年轻人接受高等教育，大部分年轻人需要通过技能培训体系获得高技能，因此，建立与高等教育类似的职业生涯规划和激励，是中国职业教育系统需要慎重对待的问题。

四、金融市场的结构改革

20 世纪 90 年代以来，日本和欧洲基于银行的投融资体制，发生了向金融市场主导的转变，直接融资的地位上升。从理论上来讲，基于银行的间接融资机构与国家动员体制密切相关，典型如日本的主银行制，这是一种与企业组织系统互补的制度安排，并且通过影响生产组织形式，对就业系统及其他经济系统造成影响。与此类似，中国的工业化基于银行主导的金融体制形成和运作，在转型时期也面临金融结构完善问题。党的十九届四中全会对于金融系统供给侧结构性改革的定调是，加强资本市场基础制度建设，健全具有高度适应性、竞争力、普惠性的现代金融体系，有效防范化解金融风险。传统的基于银行的金融结构，主要功能是动员储蓄、对大企业进行选择性融资，金融供给侧结构性改革的基调从金融系统内部结构完善以及金融系统与其他经济系统的联系角度认识问题，把金融发展之于小企业、消费者的普惠性纳入，契合创新激励和稳定性的现代化特征。

总之，新常态下治理结构现代化的任务，是推动要素质量升级，以便为效率—福利动态平衡奠定基础。由于发展战略和瓶颈制约不同，中国现代化两个阶段治理框架存在本质差异。大规模工业化阶段围绕资本积累进行体制设计，经济建设是中心，这种体制成功地把中国带入中等收入国家。但是，在向高等收入俱乐部迈进时，人力资本高端化是必要条件，促进人的发展自然成为中国城市化阶段制度设计的主要目标。以就业系统为核心展开的规则设计和法制化，是这个阶段制度改革的要务。

参考文献

［1］袁富华，张平．宏观调控：产业政策和财政金融政策相互关系的视角［J］．中共中央党校（国家行政学院）学报，2019（5）．

［2］付敏杰，张平，袁富华．工业化和城市化进程中的财税体制演进：事实、逻辑和政策选择［J］．经济研究，2018（12）．

［3］Rostow, W. W. The Stages of Economic Growth：A Non-Communist Manifesto［M］. Cambridge University Press, 1960.

［4］Amable, B. The Diversity of Modern Capitalism［M］. Oxford University Press, 2003.

［5］［美］约翰·加尔布雷斯．新工业国［M］．稽飞，译．上海：上海人民出版社，2012.

［6］袁富华、张平．知识技术阶层再生产：效率和发展的一类等价命题［J］．经济与管理评论，2018a（6）．

［7］Kochhar, R. Middle Class Fortunes in Western Europe［M］. Pew Research Center, 2017.

［8］［美］阿尔伯特·O. 赫希曼．退出、呼吁与忠诚——对企业、组织和国家衰退的回应［M］．卢昌崇，译．北京：经济科学出版社，2001.

［9］［美］阿尔伯特·O. 赫希曼．欲望与利益——资本主义走向胜利前的政治争议［M］．冯克利，译．杭州：浙江大学出版社，2017.

［10］Boyer, R. and Saillard, Y. Regulation Theory［M］. Routledge, 2002.

［11］袁富华，张平，陆明涛．长期增长过程中的人力资本结构：兼论中国人力资本梯度升级问题［M］．经济学动态，2015（5）．

［12］袁富华，张平．结构性减速过程中的储蓄耗散：假说与事实［J］．天津社会科学，2018b（3）．

第七章 资本积累、社会支出与社会投资：再析多目标动态平衡

第一节 引言

正如生产投资规模不是产业创新能力的主要标志那样，社会支出规模也不是福利国家的典型标志。同样地，就业数量增长本身也不能说明城市化运作良好——除非高质量就业岗位增加、劳动者就业能力增强以及家庭福利和社会福利全面提升。因此，投资、支出、就业赖以持续的制度建设才是实质性的，它是可持续发展的源泉。

城市化目标是福利社会，其活力根植于未来导向的生产性社会政策与社会投资，根本点是围绕人的发展所达成的家庭、市场、国家三方权责动态平衡。福利社会的本质，在于未来导向的三方关系性契约及其妥协，制度妥协的本质是个体利益呼吁—退出机制的建设，这是营造机会公平、平衡不同利益诉求以达成社会团结的基础，这个要点构成了积极福利国家制度的硬核。

以福利国家理念为分野，本章把长期发展过程分为三个阶段：生产导向的资本积累阶段、社会支出快速增长阶段以及社会投资阶段。第一阶段与当代大多数后发工业化国家的特征类似。第二阶段特征表现为物质资本积累导向的福利国家。第三阶段特征表现为人力资本积累导向的福利国家，这两个阶段代表了20世纪50年代至今发达国家现代化升级螺旋。20世纪80年代以来，面对老龄化和全球化压力，发达国家将注意力聚焦于未来导向的人力资本政策设计，试图借此获得社会政策的生产性、落实积极福利国家的制度实践。中国转型时期的新发展观在很大程度上与此类似，其经验值得借鉴。

城市化转型时期，中国将经济社会一体化战略置于新发展观理念之下，旨在通过深化改革应对全球化、老龄化以及结构服务化带来的挑战，城市化福利社会建设的规划蓝图非常清晰。多目标动态平衡在这个背景下提出来，也表明了国家在实施路径上已经展开积极探索。继改革开放之后的福利社会制度建设，是中国新一轮制度变革的重中之重。在社会保护、社会投资与资本积累之间进行动态平衡，由此达成有助于知识中产阶层扩大再生产的新契约关系，成为实现增长跨越的关键。

第二节　转型理论框架下发展理念的评述

首先，对"二战"后一些主要发展理念给出评述。就像我们前期系列文献所做的那样，为明晰起见，暂时采用工业化、城市化二分法对待发展序贯。现代化线性演化观念的含义是，将城市化视为继工业化之后的另一个高端，实践上来自欧美日等发达国家历史经验。其次，这个线性视角，同时也为后发国家现代化取向及其问题分析提供了参照。值得注意的是，当代后发国家的城市化发展，大多只是表现在人口规模的集聚上，与发达国家线性序贯上高度城市化有本质差异，个中原因也是本章分析的重点所在。

回归正题，先从日本的产业化理念谈起。国家干预与市场组合的发展主义，沿着三条路径发展：一是工业化失败（或者不能为高度城市化奠定稳固生产力基础）的拉美道路；二是特别成功（即有力推动高端城市化可持续发展）的日本道路；三是工业化取得巨大成功但是面临转型挑战的中国道路。日本的特别之处在于，几乎是完全基于经济社会实践，探索出了一套务实的"产业化理论"，该理论对马克思主义、凯恩斯理论和熊彼特理论进行了极富创造性的综合，其内核是创新驱动与产业结构升级，其作用是通过有计划地组织生产、有组织地促进就业、有目的地积累人力资本，打造生产率上升螺旋，实现产业结构、企业创新、人才积累协同发展。20世纪50年代中期日本战后恢复确立了这些理念，辅之以对现代化趋势的准确预测，即迎接生产自动化技术潮流，最终推动了国内创新基础建设和产业全球布局，这种理论至今仍对日本现代化发挥着指导作用。强调一下，支撑日本发展主义特别成功的柱子有两个：一是在经济追赶初期就确立了自主创新和人力资本升级的发展观；二是在经济追赶初期就确立了独特的有利于工资增长的劳动组织。总之，日本发展主义理念的根本，就是立足于"人的作用"来理解经济效率，乃至最终形成独特的日本福利国家模式。

日本的发展理念，与其对福特主义的劳资关系的慎重反思密切相关。根据高柏（2008）的研究，在 20 世纪 50 年代中后期，即日本宣布战后经济恢复完成后，已经明显认识到有必要扬弃美国泰勒式企业组织，强调企业不单单是生产场所，企业更是就业场所，应提供社会福祉，不能忽视对人的尊重。日本这种发展理念形成的时代，正值发轫于美国且扩散至全球的福特主义工业化黄金时期，虽然在生产组织形式上具有本国特色，但是却继承了福特主义的精髓——劳动生产率提升与工人参与利润分享相互协调。实际上，这个核心理念成为所有发达国家福利制度建设和不断完善的根本推动力。

为把效率、分享及其联系置于更加广阔的历史与理论视野下考察，当然也是为了论述方便，此处沿着转型主题提供进一步评述。总的来看，"二战"后被普遍认同且深入探索的资本主义转型思想，依次出现在三个系统化的理论体系中，即波兰尼（2017）的大转型理论、法国调节主义理论和福利国家理论。波兰尼主张运用国家干预和社会保护，抑制经济脱嵌于社会所带来的风险，这种思想作为反思性主题贯穿于后续理论发展进程之中，特别体现在 20 世纪五十六年代资本主义黄金时代结束之后的转型道路探索之中。作为一种替代新古典形式主义分析的方法论框架，法国调节主义理论继承了传统发展理论注重历史（路径依赖）和过程（因果累积）的实质主义传统，不仅启发了资本主义多样性原因的理论探讨，而且极大地推动了各类资本主义模式内在冲突及其后果的研究，为梳理转型问题、转型方案提供了一套务实的思维方式。着眼于经济发展对社会体系的嵌入，调节主义强调多维制度互补、经济主体冲突以及制度妥协在更新各类资本主义模式之中的推动作用。概述之，包括金融、劳动、市场、干预、国际参与在内的五种制度各式各样的组合，形成资本主义模式多样性，组合与再组合的制度妥协力量推动了资本主义转型。

从本质上来讲，福特主义工业化是一种围绕劳资关系建立起来的制度妥协机制，调节主义转型分析的重点，也因此聚焦于劳动与其他制度维度相互调适以达成效率提升—利润分享的协同上。与调节主义理论有所不同的是，20 世纪 90 年代以来逐步系统化的福利国家理论，聚焦于社会权利问题分析，旨在克服传统福利体制的僵化，这体现在一系列理论探索上：如艾斯平-安德森的广义福利国家概念及其之于社会变革的作用、英国关于"第三条道路"的探索、2000 年里斯本峰会关于知识经济时代国家竞争力和社会凝聚力的探讨等。欧洲福利国家理论的研究对象，直接面对两大变化：一是外部全球化竞争加剧对国内福利制度变革产生的压力，二是国内人口结构和产业结构变动所带来的冲击。基本的理论共识是，人口老龄化与社会支出的刚性压力，将增加社会成本和私人成本，面对内部压力，不改革战后传统福利体制，就会影响国家生产率和竞争力。由此，最近二三十年来发展理念上的最大变化，就是反思消极的、静态的、补偿性的传统再分配福利理念，强调以教育、培训和活化劳动力为核心的动态社会投资理念。这种战略定位一改过去被动的结果管理，变为主动的社会过程管理，即赋予社会政策生产性。也正是因为如此，重视整体性、动态性和未来导向的生命历程理论受到重视，也是福利国家分析的方法论基础[1]。

第三节 资本积累、社会支出和社会投资

就像我们予以强调的那样，发展理念变化随着不同阶段社会经济重心的转移而不断更新。完全是出于比较分析的方便，本部分把资本积累阶段（第一阶段）视为先于社会支出阶段（第二阶段）和社会投资（第三阶段）的一个早期阶段（见表 7-1）。首先基于福利国家理论的共识，这里把社会支出阶段界定为发达国家"二战"后的黄金时代，社会投资理念源于（OECD）和欧盟对新自由主义不利后果的反思，特别是对老龄化趋势下如何维持国家竞争力的关注。由此，我们可以把资本积累阶段大致视为加尔布雷斯所谓"企业家型公司"或古典企业家主导发达国家大规模工业化的那个时期[2]，而后发国家正在或曾经经历过的工业化，在性质上大致对应发达国家这个早期资本积累阶段。事实上，"二战"后发达国家社会支出的急剧扩大，与企业组织形式现代化和劳资谈判模式确立紧密联系在一起。同时，三阶段框架也有助于我们理解发展特征及其差异。其中，家庭、企业与国家的各类制度互补模式，将导致发展路径历史上和空间上的多样

---

[1] 就福利国家改革和体系重建的研究而言，艾斯平-安德森提供了许多有益建言，并把生命历程这种社会（心理）学方法放在突出位置予以强调，见 Esping-andersen（2002）第二章。

[2] 约翰·肯尼斯·加尔布雷斯. 新工业国 [M]. 嵇飞，译. 上海：上海人民出版社，2012.

性，而这种多样性、变化性也是理解当代社会政策何以如此重要的关键所在，为城市化问题的分析提供一个切入点。

表 7-1　权责组合与发展阶段特征

发展阶段	资本积累阶段	社会支出扩张阶段	社会投资阶段
历史时期	经典资本家时代	"二战"后至 20 世纪 70 年代	20 世纪 90 年代至今
发展模式	二元经济的工业化	英美、北欧、欧洲大陆等传统福利国家	积极的福利国家
治理周期	当期（对结果的治理）	当期（对结果的治理）	未来导向（对过程的治理）
发展任务	生产优先以突破贫困陷阱	物质资本积累导向的福利国家	人力资本积累导向的福利国家
发展阶段	经济起飞至走向成熟	福特主义	知识经济
社会政策	济贫	以消极的再分配提供社会保护	未来增长繁荣的人力资本积累
权责组合	个别性契约或惯例	关系性契约	关系性契约
公民权利	惯例规定	社会保障，教育	相互责任，终身教育
公民责任	惯例规定	重视男性工资工作	工作机会均等

资料来源：根据 Morel 等（2009）、麦克尼尔（1994）整理。

一、权责组合与发展阶段

调节主义理论与福利国家分析框架，在微观层面上重视家庭、企业（市场）、国家之间的权利与责任关系及其协调，这种互补性视角由 Jane Jenson 详细论述（Morel et al.，2009），非常有助于发展过程及后果的分析。表 7-1 提供了三阶段发展特征的概览，虽然是基于发达国家的历史经验，但大部分特征也适用于后发国家发展序贯的描述。总体来看，在技术进步使持续增长成为可能，并由资本积累和生产力发展推动社会现代化的漫长历程中，资本主义国家终于在"二战"之后过渡到福利国家阶段，并且随着结构服务化时代的到来，将其发展重心从生产优先顺利过渡到以人的发展为中心。在这个过程中，社会契约关系也由个别性、排斥性转向合作与包容，由短视利益追求转向基于未来发展的社会投资，家庭作为行动主体的作用日益受到重视，这种转变符合现代化的目标。扼要展开如下：

（一）资本积累阶段及其更加现实的问题

制度重要性地位的确立。从现象上来看，无论是发达国家还是后发国家，从经济起飞直至走向成熟的工业化阶段，属于资本积累时期，发展战略一般围绕生产优先以突破贫困陷阱展开。从行动主体责任之组合来看，政府再分配及家庭再生产均服务于企业（或市场）积累。在制度方面，这是一个由惯例或个别契约主导的关系网络，稳固的家庭关系与短视的市场利润追求并存，包括照料、养老等大部分福利由家庭或私人提供，国家只是在诸如济贫、教育入托方面提供最基本的保障。当然，这是由工业化发展阶段相对稳定的就业环境以及相对充足的人口红利决定的。历史上，发达国家在这个阶段的最大特色，在于较早意识到了制度建设之于持续资本积累的重要性，包括基础教育体系、商业制度和三方契约关系的建立完善。

这个阶段，为满足积累、创新需求所建立的一系列制度，成为发达国家可继承的最为真实的财富，从而为有序内部化物质积累，或者对劳动力制度化、社会化于发展进程提供了保障。在此背景下，生产优先的本来含义应该理解为，保证利润最大化持续获得的制度保障的优先建设，包括一系列有助于生产、消费、管理和交换的契约规则的自觉设计。因此，虽然家庭和国家从属于利润，但是资本积累主导下发展的涓滴效应，最后汇流到一个根本的治理理念上，即对主体权责的确认、对产权的保护以及对主体呼吁的重视。

（二）社会支出与传统福利制度：社会伙伴关系重要地位的确立

"二战"后至20世纪70年代是福特主义效率—分享体制的国际传播时期。作为一种信念而非单纯的技术体系，福特主义有效地推动了高等教育体系、三方伙伴关系和合作性契约制度的发展，可以认为，真正发达意义上的资本主义理念就是在这个时期被广泛实践和探索的，最终形成各具特色的福利国家。社会支出的快速提升只是一个标志，说它是一个表象也成。以福特主义的流行为分野，发达国家进入艾斯平-安德森意义上的不以生产力论英雄的新时代（当然，这种理念较早被罗斯托等思想家提及，主旨是资本主义进入成熟阶段后，发展重心由生产供给转向消费多样性），生产率的快速提高为社会支出持续拉升创造了条件，但是更根本的是以三方契约为基础的社会安全网络的建设。"二战"后至20世纪70年代发达国家普遍出现的公共服务支出的快速增长，可以将其看作是物质资本积累导向的福利国家的建设时期，这个过程重新配置了企业（市场）、家庭和国家的权利与地位。

（三）社会投资与积极的福利国家：人的发展重要地位的确立

自20世纪80年代以来逐渐加剧的全球化与老龄化，加之结构服务化导致的收入差距扩大和失业风险，给发达国家带来了诸如家庭脆弱性、儿童贫困、老年贫困等新风险。传统福利国家已经不能在增加就业、财政平衡、提升国际竞争力方面有效发挥作用，以怎样的理念和方式重铸福利国家，成为西方国家重要的转型发展议题。经过 20 世纪 90 年代的集中探索，《里斯本战略》综合了"第三条道路"关于个体权责理念以及北欧国家社会公平理念，提出现代化的欧洲社会模型，强调投资人力资本与建设积极福利国家。由此，人力资本积累导向的福利国家发展成为重要目标。这个理念的重要性在于，突破了传统福利制度结果管理的、静态的、补偿性再分配的局限，确立了"人才是真正的社会财富"这一认识。为了缓和城市化时代新社会风险的影响，将人力资本和社会保护政策置于生命历程这一更加综合的框架之下考量。

二、城市化的特殊福利函数——多目标动态平衡

多目标动态平衡的背景及其重要性，特别值得理论研究者重视。欧盟积极福利国家的政策支点有三个相互联系的环节：儿童发展投资、激活劳动力市场（积极劳动力市场政策），以及老年人的社会保护，这也是生命历程理论的一般框架。社会政策和制度设计的根本目的，也是着重于如何保持三者之间的动态平衡，以维持社会凝聚和社会公平，未来导向的政策色彩非常浓重。自 20 世纪 90 年代以来，欧洲福利制度改革要求之所以迫切，除了老龄化所带来的巨大社会成本之外，研究者似乎还对产业转型带来的张力更加敏感。在论及结构服务化这个产业转型背景时尤其慎重，这背后涉及城市化的一个特殊性质，即服务业更加容易导致就业收入的两极分化，更加容易对社会公平造成冲击。

福利国家理论的研究者，通常比较喜欢回顾资本主义黄金时代的充分就业情景。那个传统福利资本主义时代，运作良好的关系性契约使三方权责分明，推动工业化社会稳步发展：稳固的传统家庭使一个男性挣工资者足以满足用度，女性照料儿童以提升家庭福利；稳固的劳资关系，使就业收入来源稳定且有利于调动工人积极性；国家及其伙伴管理运作平衡的社会保障系统。但是，老龄化和结构服务化日渐打破这种均衡。与工业化不同，服务业的多样性会导致就业收入两极分化——属于知识经济的高收入劳动市场，其准入资质对教育和技能的要求提高，而传统服务业的就业收入相对较低。艾斯平-安德森认为，在知识经济时代，由于知识获得更加依赖于早期教育投资以及家庭状况，因此针对儿童发展的投资和家庭收入的支持，将有助于个体劳动者整个职业生涯升级，也决定了退休后的生活水平。再者，现代城市化社会中家庭结构的变化，如传统家庭的解体、由于教育推迟婚姻以及单亲家庭的增加，这些因素都为城市化时期福利国家的重塑带

来了根本压力。因此，以往注重结果管理的社会模式，已经不能适应发展阶段变化的要求。社会投资理念与以下三个现实条件相适合：

（1）城市化时期积极福利国家制度的建设，有助于供给侧和需求侧两端的动态平衡。一方面，积极福利国家对传统的补偿性再分配制度的保留，如养老金、失业保险等，有助于维持消费需求和企业投资需求①。另一方面，未来导向的社会投资，包括教育和培训投资，以及积极的劳动市场政策，不仅有助于人力资本积累，而且有助于产业发展。

（2）知识中产阶层的培育。正如艾斯平－安德森强调的那样，把社会投资和生命历程管理用于中产阶层培育，是一件一举多得的事情。从长远来看，知识中产阶层的稳步发展既有助于劳动要素质量提升并促进知识经济发展，这个阶层的稳定收入又构成稳定的社会保障来源，有助于长期财政平衡。

（3）增强国际竞争力。日趋激烈的国际竞争使社会投资的落实更加具有紧迫性。知识经济时代发达国家对高端服务业和知识创新的竞争愈加激烈，如果想立于不败之地，那么建立系统的人力资本开发计划以积蓄知识力量，其重要性是再明了不过的事情。

简言之，全球化趋势、老龄化和结构服务化，加重了各国在效率—福利动态平衡中的负担。这个多目标体系的宗旨——正如《里斯本战略》所言：增强社会凝聚和代际代内社会公平，策略是使社会投资政策具有生产性。动态平衡的实施路径包括四个：一是重塑社会契约关系。家庭、企业（市场）与国家权责方面，重视国家干预之于社会机会公平作用，做好知识经济时代宏观层面的经济社会政策协调、保持游戏规则的公平。二是社会投资的生命历程管理。注重教育和培训体系建设的层次性、连续性、整体性，建设与知识经济时代相适应的终身学习的机制和氛围，增强社会对变化的适应性。三是积极的劳动市场政策，包括消除劳动市场性别歧视，重视技能培训的制度建设，提高劳动市场流动性以缓解短期失业压力。四是增强养老保障体系的弹性和适应性，包括老年再就业市场的扩展，延迟退休年龄以及多层次养老保障体系建设。

三、制度多样性与路径偏离

家庭、企业和国家权责组合之于发展的推动作用，经过长期因果累积终将呈

---

① 对补偿性福利制度和社会投资政策的划分及精彩分析见 Morel N. , Palier B. , Palme J. What Future for Social Investment ［M］. Digaloo, Stockholm, 2009.

现出积极的或消极的结果，国际经验比较中的发展路径分化就是鲜明的例子。由制度优劣累积产生的马太效应，在工业化向城市化时期尤为突出。正如前文所述，发达国家在"二战"后经历了福特主义的社会支出快速增长阶段之后，顺利进入了知识经济主导时期，尽管受到了更加频繁的外部扰动，但是他们对各类风险的吸收能力并没有因此受到削弱。反观后发国家，由于在人力资本积累或要素升级方面遇到了门槛，通向高端城市化的发展之路通常很不顺利。拉美中等收入陷阱提供了一个典型的消极案例。作为马太效应的另一极端，拉美国家在 20世纪 90 年代以后虽然进入新民主时期，但是受到制度依赖的影响，三方权责仍然存在不对称并构成未来发展的阻碍①。

（一）发展路径的偏离及其后果：利益捕捉

根据 Garay（2010）的论述，拉美主要大国在 20 世纪 90 年代普遍步入新民主时代之后，才开始实施福利制度向"外部人"扩展，即扩大农村、非正式部门就业者的社会保护覆盖面，当然，这已经是这些国家大规模工业化之后几十年的事情了。单单从技术和生产组织来看，福特主义工业化及其各类变种没有多大差别；但是，福特主义本质上是一个制度理念，它还包括了效率提高与利润分享协同演进这个关系性契约硬核，单纯技术模仿可以获得短期利润，但是最根本之处还是关系性契约的不断完善，这一点在后发国家中通常做得不够好。

从制度角度来看，后发国家为了资本积累和实现追赶，在工业化阶段普遍采用了较之于老牌发达国家工业化更加激进的方式——典型如通过产业政策、融资政策及其他经济政策向某些部门或利益集团倾斜，故意制造"利益捕捉"的机会以达成国家快速积累的目的。从发展主义角度来看，这种做法并没有什么不妥，即使像日本这样在战后迅速走向创新道路的发达国家，也曾经历过这样的阶段。问题关键在于，给予"利益捕捉"的收益是否不断用于创新，特别是之于未来发展至关重要的人力资本这种真实财富的积累，以及"利益捕捉"机会是否置于权责制度的不断完善之下。掉进中等收入陷阱的国家，恰恰是在制度完善和社会保护这两个方面出现了偏差，往往只是将工业化单纯作为短期利润追求的工具加以利用，根本上忽略了福特主义的制度创新内核。

---

① 多少因为这种原因，爱德华兹（2019）不无遗憾地在把其作品第一章标题定为"拉美：永远的希望之星"。

塞巴斯蒂安·爱德华兹. 掉队的拉美——民粹主义的致命诱惑［M］. 郭金兴，译. 北京：中信出版集团，2019.

仍以拉美国家为例，受制于其固有的土地权利集中以及短期利益目标，工业化时期资本主导的倾向一直难以扭转，经济发展处于"利益捕捉"并由此固化的利益集团左右之下，三方契约中家庭长期被排斥在市场之外，最终导致无法建立起有利于家庭和劳动者的制度妥协与利润分享规则。其城市化也往往是无地农民向城市集聚，但不能得到充分的社会保护和就业能力发展，最终形成低收入群体固化的格局。即使 20 世纪 90 年代以来实现了快速的社会政策扩展，但是根本的创新激励环节——积极的劳动市场和社会投资制度化机制仍然缺失，这种支离破碎的政策无助于人力资本积累和创新发展。城市化陷阱由此产生。

（二）经济的脱嵌

与发达国家三阶段线性序贯升级路径比较起来，后发国家中等收入陷阱的分化拐点，通常发生在城市化时期的结构服务化过程中。在此再做一下简要说明。

（1）正如前文所述，发达国家依托福特主义制度及其三方契约的支持，达成了经济发展对社会体系的嵌入，那个黄金 20 年与其说是工业技术成就，不如说是制度建设和社会发展成就，或者说是经济社会两个领域相互促进的循环累积成就。后发国家之所以被称为外围，主要是从技术和生产活动层面讲的：中心—外围的固化，从表面上来看是对发达国家的技术依赖所致，发达国家的技术垄断导致了外围国家的依附性，但问题根源仍是源于对工业化的曲解或对国内制度改革的无能为力。后发国家追赶失败的种子，至少在工业化时期就埋下了，这是因为太过强调短期利润追求，而忽视资本持续积累背后的制度动力，尤其是通过三方公平游戏规则达成的经济嵌入。

（2）进一步地，经济脱嵌于社会体系，具体表现为知识中产阶层再生产的萎靡不振，这也是我们在系列研究中不断强调的问题。结构服务化是一把双刃剑，一方面，就像发达国家那样，随着生活水平提高，消费需求结构会沿着恩格尔规律进行升级；另一方面，这种升级是有条件的，即需要企业和国家培育升级潜力，尤其是企业的利润分享和国家对教育的支持。光靠人口红利以及压低劳动力成本，不可能出现一个具有创造精神的中产阶层。拉美国家陆续倒在城市化门槛之下，也是由于这个环节的缺失。

（3）虽然发展模式是多样的，但有活力的发展模式依然是稀缺资源，这需要不断反思、设计和再生产。为什么拉美国家很难把这种几乎显而易见的意见付诸实施？原因无非是缺乏代表了劳动力大部分利益的呼吁—退出机制，或者是根本不可能建立起来呼吁—退出机制。欧洲热切期望并致力探索的三方新契约重建，无非是增加透明性、修订或升级原有呼吁—退出机制，尽管同样遇到了来自传统福利体制的抵抗，但问题关键不在于是否有不同声音，而是本来就存在一种妥协不同声音的制度机制——这是发达国家与后发国家最大的不同。

第四节　大国治理现代化：权衡与选择

我们在前期一系列研究中，对中国经济社会一体化路径及实施方式提供了不少思考，为避免过多重复，这里仅仅结合福利制度建设问题做四点补充说明。

一、应该立足于福利国家或福利制度认识城市化

依托人口红利和国际技术转移，中国在短短 40 年实践基本实现了工业化，成为制造业大国并建立了比较系统的制造业体系，这是值得肯定的成就。党的十九大以来逐步确立的"创新、协调、绿色、开放、共享"新发展观，概言之就是要实现城市化新阶段的效率—福利目标动态平衡，如果比照一下《里斯本战略》内容以及欧洲福利国家改革愿景，可以看到中国的新发展是一种非常前沿的福利制度理念。中国城市化发展的这种战略定位，有助于破除工业化的一些思维惯性——特别是当前争议较多的增长速度问题。但是，站在发展阶段转型的十字路口回溯以往工业化历程，很容易发现中国工业化落下了一些功课——主要表现在社会发展长期滞后于经济发展、社会保障制度化水平有待提高，以及未来导向的社会投资制度建设等。对于刚刚进入工业化后期的中国而言，这涉及了工业化时期很少关注的企业、政府三方责权机制契约重新订立问题，相关规则设计构成了深化制度改革的全新主题。

二、应该充分认识到中国发展转型的关键挑战

有三个相互联系的要点，这实际上是同一趋势的不同方面。

（1）服务业的质量问题。与工业化标准化和大规模化不同，服务业具有异质性特征，在知识经济时代也是收入差距扩大的根源。结构服务化的竞争优势和效率补偿能力，主要在于通过科教文卫服务业发展，引领知识经济发展，因此，服务业规模化发展并不重要，关键是其推动知识创新的作用。如果不顾结构服务

化对于整体经济的效率补偿作用，为了实现充分就业而片面追求服务业规模化发展，将会落入城市化陷阱——即低工资服务业或非制式就业的扩张，从而给城市化福利制度带来巨大压力，导致其不可持续。

（2）知识中产阶层的再生产问题。与服务业高端功能相应的，是知识中产阶层扩大再生产这个环节，这个阶层的再生产能力将直接决定城市化发展的可持续性。原因是，知识中产既作为知识创新要素的提供者，又作为服务业和制造业高质发展的需求市场存在，从供求两个层面带动城市化发展。

（3）消费结构升级问题。这与高质量的产业结构相联系，同时由知识中产阶层的扩大进行推动。从发展经验来看，拉美国家没有能够尽快摆脱中等收入陷阱的约束，在很大程度上与这三个层面的缺失有关。

三、应该认识到大国效应的利弊

人口规模为中国工业化贡献了40年的发展红利，但是随着人口老龄化在城市化过程中变得越来越显著，中国也将面临欧洲现在类似的问题，即效率—福利动态平衡的问题。有所不同的是，中国巨大的人口规模将对福利体制建设，包括养老保障水平的提高以及人力资本投资——带来困难。

（1）我们前期研究得出的一个主要结论是，在城市化条件下，中国人口增长向低度均衡收敛趋势将很快出现，这是由城市化发展决定的客观规律。为了应对这种问题，政策优先选项是提升人口质量，兼顾质量提升与数量增长的平衡。换句话说，中国人口增长将迎来补偿性增长时期——即由收入提高和公共服务水平推动边际增长的时期。当然，人口规模巨大只是代际代内公平的特殊之处之一，另一个特殊之处，在于中国老龄化趋势发生在中等收入水平阶段，与此相关的问题是潜在的老年贫困问题，这无疑会对社会支出平衡造成压力。

（2）针对老龄化问题的讨论很多，问题关键在于应该在三方权责平衡的条件下，讨论延迟退休与就业创造，这一点需要充分的讨论。

四、应该认识到积极福利国家建设的重要性

自20世纪90年代以来福利经济理论达成的一个基本共识是，社会政策具有生产性，社会投资是经济可持续的前提条件。从欧洲国家经验来看，针对教育技能升级与人力资本积累的社会投资，同时也是为了保证未来福利再分配平衡，这是一种动态的积极的福利国家理念。这个理念对于中国的启示有三个：

（1）试图建设什么样的城市化？城市化是为了聚集人口，这样做也不仅是为了追求充分就业，最重要的是提供有质量的工作、保障稳定的收入，以及建立家庭、企业和国家之间的三方承诺，借此吸收城市化风险、消除不确定性。

（2）知识经济时代，创新的动力是资金、人才和制度土壤，三者缺一不可。中国工业化时期三方权责关系中，倾向于企业积累的经济政策受到重视，这是特定历史条件使然。但是这种工业化契约抑制了未来导向的社会投资，直接问题就是有助于服务业高端化和知识经济发展的人才储备不足，人力资本积累连同就业能力的制度建设有待加强。

（3）盲目的城市化和盲目的结构服务化——即城市化发展的规模思维而不是质量保证，与城市化的福利社会本质背道而驰，强力推行将会掉入财政不可持续、高质量工作创造不足、知识中产阶层再生产停滞问题，根本上阻碍社会凝聚力形成。

参考文献

［1］高柏. 经济价值观与日本产业政策［M］. 安佳，译. 上海：上海人民出版社，2008.

［2］［英］卡尔·波兰尼. 巨变：当代政治与经济的起源［M］. 黄树民，译. 北京：社会科学文献出版社，2017.

［3］G. Esping-Andersen. Why We Need a NEW Welfare State［M］. Oxford University Press，2012.

［4］［美］约翰·肯尼斯·加尔布雷斯. 新工业国［M］. 嵇飞，译. 上海：上海人民出版社，2012

［5］N. Morel，B. Palier and J. Palme. What Future for Social Investment［M］. Digaloo，Stockholm，2009.

［6］［美］麦克尼尔. 新社会契约论［M］. 雷喜宁，潘勤，译. 北京：中国政法大学出版社，1994.

［7］M. C. Garay. Including Outsiders, social policy expansion in Latin America［M］. University of Berkeley，2010.

［8］［智］塞巴斯蒂安·爱德华兹. 掉队的拉美——民粹主义的致命诱惑［M］. 郭金兴，译. 北京：中信出版集团，2019.

第八章　福利国家模式、增长悖论与再平衡：理论视角的转换及其对中国式现代化的启示

第一节　引　言

本章旨在说明：作为替代自由资本主义的一类现代化模式，福利国家发展所导致的理论视角的变化；通过对发达国家现代化经验的考察，获得一些理解中国式现代化的有益启示。关于"二战"后发达国家现代化模式转型的认识，大致沿着强、中、弱三种理论版本展开，其共同点是重视均衡社会的三个重要性：一是加尔布雷斯的"强"理论版本，即垄断资本的权利与控制。在丰裕社会概念下，加尔布雷斯提出均衡社会的图景，即私人投资与国家公共品提供之间的平衡。新工业国理论的主要观点是，在大型企业成为主导甚至取代市场的条件下，资本主义国家存在生产体系对于消费体系或总需求的控制，国家和消费者成为资本谋利的工具①。二是法国调节主义的"中"理论版本。以劳资关系在资本主义积累体制中的决定性作用为立论依据，从福特主义工业化的制度互补、系统调节角度，给出了福利国家内部矛盾的动态分析。这种理论认为福特主义第一次创造了自己的消费模式，在经济社会协调机制的理解上，与加尔布雷斯存在相似之处。三是福利国家理论的"弱"理论版本。这种理论版本在最近30年的发展中，发生了与调节主义相互融合的趋势，其特色表现为：基于国家、市场（企业）、

---

① Galbraith J. K. The Affluent Society［M］. Houghton Mifflin Company，1971：Chapter XVII.

约翰·肯尼斯·加尔布雷斯. 新工业国［M］. 稽飞，译. 上海：上海人民出版社，2012：前言1-3，301-307.

家庭的组合，对福利国家结构进行分析，社会权利的分配构成其研究重心，并将效率分析隐含在福利组合之中。这种理论试图以福利国家的建设缓和阶级冲突，并以阶层或群体概念替代阶级概念。福利国家作为法治国模式从其确立之初（"二战"后黄金时代），便蕴含了"增长悖论"：即更多的增长可能引致福利服务的更多需求，同时也增加了提供服务的费用，反过来又会削弱这些活动的筹资基础。这个悖论导致了传统福利国家模式的不可持续，自 20 世纪 80 年代以来，发生了传统福利国家模式向积极福利国家模式的转型，福利组合结构在各国之间的差异变得更加显著：即面对"财政收支平衡、收入公平、就业增长"的三难困境，自由主义福利国家以牺牲公平为代价，换取财政平衡和就业增长；社团主义福利国家以牺牲就业增长为代价，换取财政平衡和公平；社会民主福利国家以牺牲财政平衡为代价，换取就业增长和公平。这些困难与再平衡发生在城市化、服务业和老龄化趋势之下，而这些趋势和挑战恰是中国迈向高质量现代化过程中所要面对的。"十四五"规划的开局之年，中国明确了共同富裕目标和中国式现代化的社会图景，如何理解这样一种全新的现代化模式，正是本章的写作初衷。

第二节　福利国家作为一种模式的确立、结构与变化

"二战"后，随着社会保障水平的提高和社会保障制度化的快速完善，福利国家作为一种替代自由资本主义的新模式在发达国家确立起来。作为一种不可逆转的现代化趋势，其经济、社会和政治结构受到了理论关注，例如，法国调节主义称之为福特主义、后福特主义，以区别于泰勒主义及以前的自由主义模式，这是就资本主义生产消费调节方式的演化而言的；新发展主义称为社会发展型资本主义（1940~1979 年）、食利者——金融家资本主义（1979~2008 年），以区别于自由竞争产业资本主义（1834~1929 年），这是就资本主义现代化主导力量的演化而言的（Bresser-Pereira，2017）；哈贝马斯称为福利国家范式、程序主义的法治国范式，以区别于自由主义的法律范式，这是就资本主义民主规范模式的演化而言的；福利国家理论重新定义了福利国家，称为一种维持凝聚的积极力量，以区别于福利体制作为工业化副产品的视角，这是就资本主义权利体系演化而言的。因此，上述几种理论中的福利国家发展，可以分为两个阶段：第一个阶段是

以社会保障体系的快速建成为标志，即福特主义主导的传统福利国家模式建设时期，发生在 20 世纪 50~70 年代这个工业化的黄金时代；第二阶段是以新自由主义和去管制化思潮的兴起为标志，即后福特主义主导的积极福利国家探索时期，在经历了 2008 年金融危机冲击之后，至今仍然处于过渡、整合与调整阶段。

一、福利国家发展引致的理论视角的变化

福利国家理论重视规范、重视效率—福利的动态平衡。我们之所以强调福利国家作为一种模式的重要性，原因在于这种模式在"二战"之后的确立，把一系列新特征赋予资本主义现代化，具体表现在以下几个方面：

（一）原则

自由竞争产业资本主义赖以发展的制度基础，即波兰尼（2017）所谓劳动力市场、金本位、自由贸易三原则，这套原则作为一个整体在 19 世纪 30 年代确立，经历了百年发展但是未能经受住大萧条的打击，最终被"二战"后的福利国家模式取代。为了适应福特（1990）主义生产方式，福利国家的制度基础建立在社会权利、去商品化、阶层化三原则之上[①]，目的是通过再分配促进公平与效率、生产与消费的良性循环。体现在社会政策中的社会权利，是去商品化和阶层化的制度保障[②]，社会保障体系的完善因此成为区别于自由资本主义的核心标志。

（二）调节机制

自由市场经济的核心调节机制，是国家对个人基本权利和自由竞争的保障。这个机制蕴含了经济、社会和政治的三个假设：自由竞争实现市场出清，促进社会总体福利增长；普遍平等权利保障名义上的社会公平，促进财产分布的平等分配；市场主体具有追求平等的能力，能够抵抗政府对个人自由的干预。与之不同，福利国家的核心调节机制是国家、市场（企业）、家庭三方互动关系，国家干预的必要性，源于演化条件变化：在经济领域中，"二战"后福特制的兴起导致了诸多变化，典型如生产规模的扩大主要是为了适应技术进步；大型企业的计划能力使组织取代了市场；垄断力量将国家调节总需求的功能纳入生产体系等（加尔布雷斯，2012）。

---

① Esping-Andersen G. The Three Worlds of Welfare Capitalism [M]. Princeton: Princeton University Press, 1990: 23, 26-33.

② 按照 Esping-Andersen（1990）的解释：去商品化，就是为离开劳动市场的人员提供失业、失能、养老等保障；阶层化，就是通过社会权利的确立，让不同职业、不同群体在同意或共识的基础上参与发展分享，阶层化作为阶级分化的替代，用于缓解社会冲突、增加社会凝聚。

大型企业与国家的这种关系，表现在社会领域中，就是生产体系对消费体系的控制，典型如国家通过教育、社会保障等公共服务促进家庭消费的提升，作为一种生产模式，福特主义历史上第一次创造了自己的消费模式①。这种创造的最核心的特征，在于政治公共领域中公民参与能力的提高，典型如国家、市场（企业）、家庭三方伙伴关系的建立对于社会福利权利谈判提供的支持等。

（三）规范模式的总体特征

哈贝马斯（2014）把这种总体特征的变化，称为自由主义法律范式向福利国家范式的变化②。自由主义模式描绘的是一种经典的分权格局，这种格局中的社会与国家是对立的，宪法原则把国家领域与社会经济领域严格划分开来：在社会经济领域中，个人以私的自主方式追求幸福和利益，个体基本权利旨在抵制国家权力的滥用；国家的任务是创建规范和制定政策，为自由竞争提供最基本的秩序保障，反对经济自由的滥用。战后福利国家模式的确立反映了日益复杂的联系，尤其诸如工会、大型企业等利益相关者对于公共服务提出的越来越多的新要求。于是，福利国家的目的，转向机会公平的保证和分配，模式属性的这些变化，已经不能由原子化社会假设给出具有说服力的解释了。换句话说，随着社会权利内容的扩大和交往复杂性的提高，自由竞争的资本主义并不能再生产出来自身的稳定秩序及其权利保障，而福利国家以其公共服务提供能力，正好满足了抵御风险、调节分配、推动增长的要求。

二、福利国家模式的结构及其变化

作为第二代福利国家理论的阐述者，艾斯平-安德森认为，这种理论与黄金时期第一代福利主义的区别，在于强调福利国家是一种结构或者一种制度化的社会机制，即上文所说的福利国家模式。这种新的福利国家理论一方面认同法国调节学派的福特主义分析方法，另一方面包含了福利组合理论关于权利体系的认识，属于一种较为综合的框架。福利国家模式的结构可以从以下方面得到说明：

①　Aglietta M. A Theory of Capitalist Regulation：The US Experience ［M］. London and New York：Verso，2015：Chapter 3.

②　哈贝马斯. 在事实与规范之间 ［M］. 童世骏，译. 北京：生活·读书·新知三联书店，2014：303-313，467-506，516-527.

Colin C. ，Wolfgang S. Political Economy of Modern Capitalism：Mapping Convergence and Diversity ［M］// Boyer R. French Statism at the Crossroads. Sage Publications Ltd，1997：90.

（一）调节主义理论

调节主义继承和发展了葛兰西的"福特主义"分析思想，基本立足点是国家、市场（企业）、家庭之间的相互调节与适应，核心观点是劳资关系及其变化之于资本主义发展的决定作用，认为福特主义作为一种制度形式，是战后资本主义区别于自由主义的关键。第一代调节主义者确立了一种基于整体观的制度互补分析框架，根据 Aglietta（2015）的论述，构成总体积累方式的制度结构形式包括五种：

（1）劳资关系，集体工资谈判确保名义工资随着生产率的提高而增加，维持生产所必需的消费支出能力。

（2）国家的社会保障，维护家庭和低收入者的消费能力。

（3）市场组织，大型企业之间的竞争确保生产条件更新和效率改进。

（4）金融体系，维持生产消费的循环。

（5）四类制度形式构成国家垄断资本主义模式的构架，并以此为基础参与国际竞争，确立国际分工地位。概言之，福特主义的独特之处在于创造了自己的消费模式，这在历史上尚属首次。20 世纪 90 年代以来第二代调节主义理论的发展，将研究重心转向资本主义模式多样性分析，这是另外一种福利国家结构分析方法。例如，基于福特主义和劳资关系这个分析传统，Boyer（1997）将资本主义模式划分为四类①：市场取向（英国、美国、加拿大）、社团主义或企业主义取向（德国、日本）、社会民主取向（瑞典、奥地利）、国家主义取向（法国、意大利）。比较而言，由于社会权利分析方法更加具有问题针对性和政策针对性，因此在与福利国家理论的竞争中，调节主义渐渐淡出人们视野，而这种理论中关于劳资关系的分析方法，也被福利国家理论吸收，融入更加具有针对性的论题之中。

（二）福利组合理论和福利国家理论

调节主义第一次打开了劳资关系的黑箱，确立了社会权利在国家、市场（企业）、家庭联系中的重要作用。但是就社会权体系利的理解而言，其分析仍然处于抽象层面。福利组合理论和福利国家理论进一步将社会权利的分析具体化，从而形成至今在政策领域影响甚广的一种认识框架。

（1）福利组合理论。Rose（1986）系统考察了社会总福利的三个来源——国家、市场（企业）、家庭，并且根据三个来源的不同组合及其动态，对福利国

---

① Colin C., Wolfgang S. Political Economy of Modern Capitalism: Mapping Convergence and Diversity [M] //Boyer R. French Statism at the Crossroads. Sage Publications Ltd, 1997: 90.

家模式多样性的产生机制进行了描述，总体结论是：尽管发达国家之间在福利提供标准上具有收敛迹象，但是鉴于国家、市场（企业）、家庭福利组合在各国存在结构上的差异，呈现了不同的福利制度模式。这种分析方法抓住了区分模式多样性的一些重要因素，如制度和文化。其后，爱沃斯和拉维尔（Evers A. & J. Laville，2004）通过纳入合作组织、互助组织、社团等"第三部门"，将"国家、市场（企业）、家庭"三因素基本框架予以拓展，进一步打开了福利国家模式多样性的分析视野。这种扩展的启发性，在于吸收了哈贝马斯有关公共领域的论述，把利益相关者的社会权利放在公共政治协商过程中进行分析，揭示出经济社会政策与利益诉求的现实联系方式，并因此具有了与福利国家理论的交叉点。

（2）福利国家理论。尽管像福利组合理论那样关注国家、市场（企业）、家庭之间的互动关系，但是福利国家理论建立在社会权利这个根本因素上，抓住了理论问题本质，艾斯平-安德森对此做出了创新性贡献，包括三个要点：一是重新定义福利国家。它不只是一种干预、矫正社会不平等结构的机制，本质上是一种阶层化系统，一种维持凝聚的积极力量。二是理论前提。以社会权利的制度化为公民提供保障；以社会政策应对社会不平等。三是分类。自由主义福利国家、社团主义福利国家和社会民主福利国家。这些福利国家模式的形成，是制度建设适应福特主义生产方式的结果，在一定程度上表明了模式演化的不可逆转性。这种不可逆有两方面含义：①特定经济社会政治的关联促成了福利国家模式；②既有模式需要根据变化进行修补，以适应新情况下效率—福利动态平衡的要求。这是下文要探讨的内容。

第三节　增长悖论、"三难困境"与再平衡机制

福利国家模式引致的理论更新，集中于福利组合或社会均衡之于理解当今现代化的重要作用。比起自由竞争产业资本主义，这种模式更加重视国家、市场（企业）、家庭之间的动态关系。当然，这种变化与"二战"后不可逆转的经济社会政治条件变化密切相关——包括城市化、产业结构变化、人口结构变化以及第三部门的发展壮大等。同时，也正是这些变化推动了福利国家自身不断调整。总体来看，20世纪50~70年代的福特主义（或以被动转移支付为特征的传统福

利国家)，为发达国家创造了生产、消费协调发展的宽松环境，推动了知识中产群体崛起，培育了社会活力，从而奠定了后工业化时代知识经济的发展基础。与此同时，随着社会权利要求的扩大，福利国家也因此日益陷入"增长悖论"：在现有福利体制下，更高的增长将会引致福利需求的更多增加，从而提高生产经营成本、抑制效率提升。石油危机、服务化、老龄化凸显了增长悖论，传统福利制度变得不可持续；20世纪80年代以来，旨在寻求效率—福利再平衡的积极福利国家模式探索，就是在这样的背景下发生的。

一、福利国家视角下的经济社会条件变化

根据米歇尔的历史数据统计，现代化过程中普遍发生的一个现象有四个方面（Mitchell，2007）：

（1）自由竞争资本主义在19世纪30年代确立以来，欧美老牌发达国家第二产业就业比重高于30%的持续时期一般在百年左右，且在20世纪50~70年代的福特主义时期达到峰值。第二产业作为蓝领工人就业的主阵地，吸收农业部门劳动力且培育产业工人。以此为基础，逐渐形成了知识中产群体主导的均衡社会。

（2）与老牌发达国家相比，日本、中国等短期内完成工业化追赶的国家，第二产业就业水平不仅偏低，而且作为产业工人主阵地的时期较短，日本是在1960~2000年处于这个时间段。

（3）20世纪八九十年代是一个朝向后工业化时代的过渡时期，其间，服务业替代第二产业成为就业比重主阵地，城市化率持续提高，传统工业经济向知识经济演进，后福特主义时代开启。

（4）同时，这个过渡时期也见证了人口结构的显著变化，支撑战后福特主义工业化的那种有利年龄结构消失了，代之以老龄化趋势的加剧。与欧美国家比较起来，日本、中国等时间压缩的工业化对人口红利的消耗更快。图8-1、图8-2、图8-3、图8-4直观显示了20世纪50年代以来的这种变化趋势。战后福利国家模式的确立，除了得益于较好的经济社会条件之外，也得益于那个时期国家、市场（企业）、家庭三方合作的建设，对此，左大培、裴小革（2009）给出了系统的分析：福特主义的利润分享和劳资谈判机制，在获得国家支持的情况下得到确立。在综合考虑国家、社会关系、企业内部组织的基础上，这类分析给出了更加具体的国别福利模式，如美国自由市场经济、法国计划指导的市场经济、日本集体协调的市场经济、德国社会市场经济、瑞典民主社会主义经济等。但

是，正如前文所述，20 世纪 80 年代之后，以社会权利和劳资关系调整为核心，福利国家着手进行福利国家改革，随着积极劳动市场、工作福利等理念的提出，社会投资的效率导向在 20 世纪 90 年代之后受到重视。于是，去管制的自由主义转向更加温和且符合现实的弹性安全政策①，旨在缓解福利国家模式特有的增长悖论。

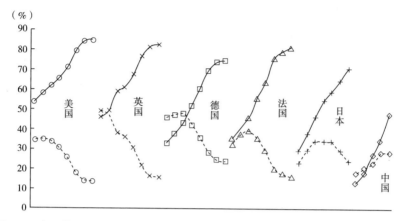

图 8-1　各国第二产业（下方虚线）、第三产业（上方实线）就业比重变动趋势②

资料来源：Mitchell（2007）、UNdata、《中国统计年鉴》。

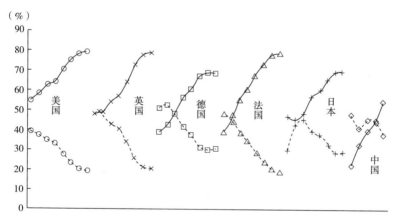

图 8-2　各国第二产业（下方虚线）、第三产业（上方实线）增加值比重变动趋势

资料来源：Mitchell（2007）、UNdata、《中国统计年鉴》。

---

① Morel N. , Palier B. , Palme J. What Future for Social Investment？［R］. Institute for Futures Studies Research Report, 2009：28-31.

② 图 8-1：美国、英国、德国、法国、日本的样本点是 1950 年、1960 年、1970 年、1980 年、1990 年、2000 年、2010 年、2018 年（日本截至 2010 年）；中国的样本点是 1980 年、1990 年、2000 年、2010 年、2020 年。图 8-2：美国、英国、德国、法国、日本的样本点是 1950 年、1960 年、1970 年、1980 年、1990 年、2000 年、2010 年、2018 年；中国的样本点是 1980 年、1990 年、2000 年、2010 年、2020 年。

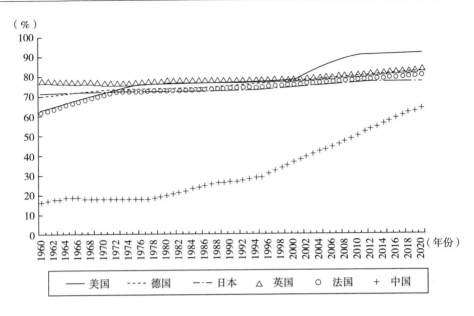

图 8-3　各国城市化趋势

资料来源：WDI、《中国统计年鉴》。

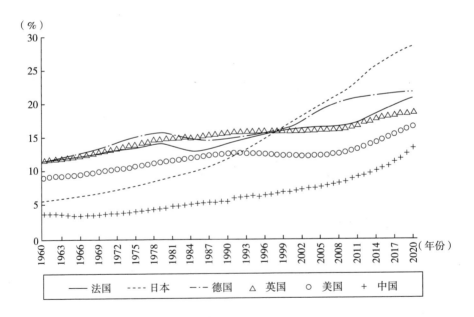

图 8-4　各国老龄化趋势（65 岁以上人口比重）

资料来源：WDI、《中国统计年鉴》。

二、福利国家模式中的增长悖论

考虑到上述各类因素变化的影响，一些针对福利国家模式运行状况的实证分析，也提供了很多具有启发性的观点。这里征引两个文献给出扼要提示。与全球化条件下政府干预程度下降这个传统假设相反，罗德里克（Rodrik，1998）观察到如下现象：20 世纪 60 年代以来，在世界多数国家中，政府公共支出随着开放程度提高而增加。他对这种趋势的解释是：为了降低外部冲击的风险，发达国家普遍采取社会保障制度化的措施；而发展中国家由于缺乏社会权利制度化能力，较多寄希望于通过公共支出增加实物转移、提升就业水平。实际上，这种趋势至今仍在持续（袁富华，2021a）。对此，安德森等研究者提出福利国家模式的"增长悖论"：即更多的增长可能引致福利服务的更多需求，同时也增加了提供服务的费用，并因此缩小了这些活动的筹资基础①。在福利国家模式中的增长悖论可以直观理解为：公共支出扩大，倾向于削弱公共支出赖以增长的经济活动基础。在安德森等的认识中，悖论是内生于福利国家模式的现象，它产生于以下三个经济社会条件变化：

（1）瓦格纳定律：总体来看，随着国家概念的发展，随着文明和文化水平的不断提高，随着人们对国家服务需求的增多，国家活动范围更加广泛。同时，这种趋势也导致了国家税收的持续增长，税收增长速度甚至比国家活动范围的增加还要快。造成这种问题的原因，在于国家政策手段已经变得越来越复杂、综合和昂贵——即同样的需求，需要一个更完善、更高级和更精致的方式来满足。以教育系统为例，这种现象在政治经济中具有"规律"的性质和重要性，人类的进步对国家的要求不断提高②。显然，瓦格纳定律与恩格尔定律密切相关，即随着生活水平的提高，消费需求逐渐转移到与生活质量有关的服务上来，如日托、就业、健康照料、老年照料等。

（2）同时，服务化趋势也带来了其他问题，其中比较突出的是鲍莫尔成本病（或者说服务业效率改进与质量提升之间的矛盾）。不同于制造业的规模经济，鲍莫尔成本病针对两个有争议的问题：一是最重要的问题在于，服务业效率提升与服务质量提升之间存在矛盾，这种矛盾典型表现在教育、医疗以及社会服

① Andersen T. M. , et al. The Nordic Model [M] . Helsinki：Taloustieto Oy, 2007：83–100.
② Backhaus J. , Chaloupek G. , Frambach H. A. Gustav von Schmoller and Adolph Wagner [M] //Chaloupek G. Wagner's Law, Money and the Theory of Financial Crisis. Springer, 2018：86.

务领域中。二是服务业内部分工导致的显著的收入不平等（Baumol，1967）。特别是知识经济时代，知识密集行业吸收了有限的高端人力资本，大部分劳动力在中低端服务业积累。按照鲍莫尔的解释，技术结构决定了服务业的相对低效率，相比较而言，服务业总体上缺乏工业那样的规模经济和累积性效率改进动力。换句话说，服务业缺乏较高的产业关联效应。

正是基于这样的考虑，安德森等研究者进一步考察了增长悖论的发生机制，分为五个步骤（Andersen et al.，2007）：

（1）更高的增长意味着更多的产出和收入，从而导致更大的税基和更高的税收收入。这是一种通常认识，即试图通过更快的经济增长来解决公共财政面临的福利支出压力。

（2）问题的关键在于，市场力量和/或工会的协调具有以下效果：私营部门生产率的提高不仅会提高私营部门的实际工资，而且会提高整个经济的实际工资，包括公共部门的实际工资。公共部门工资的上涨增加了公共开支，并吸收了部分税收收入的增加。

（3）在工资普遍提高的条件下，除非通过指数化（工资）得到保护，否则，公共养老金和其他转移将相对于工资下降。面对这种可能的情况，出于维护退休者和其他弱势群体利益的考虑，政治压力通常会阻止福利收益的相对下降。假设这种分配约束得以维持，那么，用于转移支付的公共支出增加，并增加私营部门税收负担，最终阻碍公共财政的进一步改善。

（4）收入增加可能会增加服务的需求，包括对公共提供的福利服务的需求。总体结果是，在社会权利得到确立的前提下，经济增长本身可能导致公共财政状况恶化，而不是改善。只有在公共部门工资和/或转移支付允许低于平均收入增长的情况下，才可能减轻公共财政负担。

（5）福利国家普遍出现的问题是，较高收入可能增加对休闲的需求，并减少给定工资率下的劳动力供给，税基因此受到削弱。总之，促进增长的政策不会同时获得提高生活水平和财政稳健的双重红利，面对这种困境，为了确保福利国家的稳定，必须根据实际情况做出权衡。于是，就产生了自20世纪要解释的福利国家再平衡问题。

三、三种福利国家模式再平衡及其后果

全球化、服务化和老龄化对传统福利体制造成了更大压力。自20世纪80年

代以来，围绕福利国家的效率—福利再平衡问题，形成了一类政治经济模型，即Iversen 和 Wren（1998）所谓"三难困境"问题：财政收支平衡、收入公平和就业增长三个目标不能同时达成，只能以牺牲一个目标为代价而选择实现其他两个目标。结合艾斯平-安德森关于福利模式的分类，雷恩提出了三类组合模式：

（1）自由主义福利国家。以牺牲收入公平目标为代价，换取财政收支平衡目标和私人部门就业增长目标的实现。这种权衡模式的基础是洛克自由主义传统，认为市场具有内在的福利最大化功能，反对政府干预可能导致的资源错配。因此，这种福利国家模式重视个体对劳动市场的积极参与、重视自力更生、强调工作道德，认为市场工资足以体现个人贡献和综合福利水平。福利制度以家计调查、有限的转移支付和有限的社会保障规划为主导，并将给付限制在有限的范围——坚持对那些数量居于劣势、政治上边缘化了的贫困群体的"剩余原则"，总体上是为了避免福利代替工作。这种模式的典型是美国、加拿大、澳大利亚与英国。

（2）社团主义福利国家。以牺牲就业增长目标为代价，换取财政收支平衡目标和收入公平目标的实现。与自由主义福利国家比较起来，这类国家并不崇尚自由市场经济与个体自力更生，也不像社会民主福利国家那样重视普遍的社会权利，而是努力维持既有的地位分化。在这类模式中，再分配政策不起重要作用。这种权衡模式的基础是欧洲大陆的教会——社团主义传统，重视共同体、家庭的保护作用——一方面抵制来自市场经济的冲击，另一方面抵制来自国家的过度干预。这种模式重视传统家庭关系的保存，不重视充分就业水平，福利给付以鼓励女性家庭照料为主。这种模式的典型是德国、法国、意大利与奥地利。

（3）社会民主福利国家。以牺牲财政收支平衡目标为代价，换取就业增长目标和收入公平目标的实现。这种模式源于社会民主信念，注重福利与工作道德的融合，在社会权利确认上奉行"普遍主义原则"，有以下三个特征：一是不像自由主义和社团主义福利模式所追求的最小需求的平等，社会民主福利国家追求最大程度的平等，并将这种追求视为社会团结的基础。二是这种模式更加重视社会整合，蓝领与白领享有同等的社会权利。所有社会阶层都被纳入一个普遍的保障体系之中，但是福利收益根据通常的收入分级。三是与社团主义的辅助性原则不同，社会民主福利国家更加主动地担负起老弱照顾责任，鼓励女性参与劳动市场。为了维持福利支出和税收之间的平衡，积极劳动市场政策和充分就业一直是重要政策目标，政府部门就业比重较高。这种模式的典型是斯堪的纳维亚国家。

当然，各国不同福利模式的选择，有着各自的社会政治和文化特殊背景。事实上，"二战"后随着知识中产群体的崛起，他们的态度逐渐主导到了福利模式的选择。艾斯平-安德森对此给出的解释有三个：

（1）自由主义福利国家模式。中产群体在这些国家长期拥有市场优势地位，即使不通过国家也可以获得自己的福利满足，因此反对增加税收用于社会平等的社会方案。这类社会发展通常伴有不平等加剧以及贫困阶层固化，就业增长通常伴随就业不安全和低工资就业。

（2）社团主义福利国家模式。这种模式的基础是欧洲大陆的社团主义传统，遍及商业、工人、职业的社团组织，既有自己的独立性又受到国家法律规范的约束，因此有利于促进劳动市场的公平。尽管有自己的局限（对充分就业的不重视），但是这种体制将中产群体纳入制度保障，并使之成为支持现有社会福利制度的政治力量。

（3）社会民主福利国家模式。充分就业的政策为所有人提供就业机会，公共部门就业吸收能力较大。但是，普遍主义的福利提供对财政平衡造成巨大压力，为避免市场竞争力下降，这类国家一般在两个改革方向上进行平衡：或者增加工资弹性、服务业去管制（自由主义方案），或者通过工作分享、鼓励早退（社团民主模式）。

按照雷恩的说明方式，以公平目标的表现为例，表8-1、表8-2和图8-5对各类福利模式给出了一个直观比较（Wren，2003），可以看出两点：

（1）最低收入与中位数收入比值（D1/D5）在三类福利模式中呈现出来的一般趋势是：注重就业增长和收入公平目标的社会民主国家如瑞典、丹麦、挪威，收入不平等程度最低；自由主义福利国家的典型如美国，收入不平等程度最高；社团主义福利国家的平等程度介于两者之间①。

（2）中位数收入与较高收入比值（D5/D9）在三类福利模式中呈现出来的一般趋势与D1/D5类似。但是，如果从时间趋势来看，D5/D9在各类福利国家中普遍呈现下降趋势，联系到图8-5，可以看到经济服务化并未从实质上改善中产者的地位。由此也可以推测，主要福利国家总体上的收入不平等在城市化和经济服务化时代没有得到显著改善②。

---

① 德国的情况比较特殊，相比于原西德，1990年统一后，收入不平等呈现扩大趋势。
② 从世界银行提供的有限的基尼系数估算来看，自20世纪90年代以来，英、美、德呈现不平等加剧趋势，法国稍好一些，基尼系数变动较小。

表 8-1 1979~2020 年经济合作与发展组织（OECD）主要国家收入差距 D1/D5

单位：%

年份\国家	1979~1982	1983~1986	1987~1990	1991~1994	1995~1998	1999~2002	2003~2006	2007~2010	2011~2014	2015~2018	2019~2020
瑞典	76	76	75	79	80	78	78	77	76	75	74
丹麦	71	71	72	—	—	71	71	70	69	68	68
挪威	71	73	69	76	78	77	75	73	72	70	70
德国	61	62	65	59	60	58	55	54	54	55	56
荷兰	—	65	64	64	—	63	62	62	61	62	—
法国	60	62	61	61	—	68	69	69	68	67	—
意大利	55	59	66	60	—	71	67	67	70	71	—
英国	56	56	54	54	54	55	55	55	56	57	59
澳大利亚	60	59	59	61	62	60	60	59	59	60	58
美国	51	50	49	48	48	49	48	48	47	48	50
加拿大	45	41	42	44	50	50	50	51	52	53	56

资料来源：OECD Employment and Labour Market Statistics–Decile Ratios of Gross Earning。D1、D5、D9 分别表示收入十分位中的最低收入分位 D1、中位数收入分位 D5 与高收入分位 D9。

表 8-2 1979~2020 年经济合作与发展组织（OECD）主要国家收入差距 D5/D9

单位：%

年份\国家	1979~1982	1983~1986	1987~1990	1991~1994	1995~1998	1999~2002	2003~2006	2007~2010	2011~2014	2015~2018	2019~2020
瑞典	65	65	64	65	67	64	64	63	63	63	63
丹麦	65	64	64	—	—	60	59	59	57	57	57
挪威	68	67	67	67	65	64	63	62	61	61	61
德国	—	61	61	59	57	57	58	56	54	54	54
荷兰	—	65	64	64	—	58	57	57	55	55	—
法国	52	51	51	50	—	51	52	52	53	52	—
意大利	68	68	66	64	—	57	56	57	55	55	—
英国	58	56	55	54	53	52	51	50	50	51	50
澳大利亚	41	49	59	58	56	54	53	51	50	53	51
美国	51	49	47	47	46	45	44	43	41	42	41
加拿大	56	55	54	54	56	55	54	53	52	53	54

资料来源：OECD Employment and Labour Market Statistics–Decile Ratios of Gross Earning。D1、D5、D9 分别表示收入十分位中的最低收入分位 D1、中位数收入分位 D5 与高收入分位 D9。

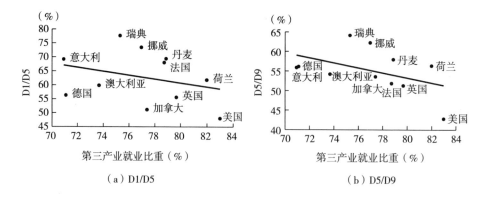

（a）D1/D5　　　　　　　　　　　（b）D5/D9

图 8-5　各国收入差距与第三产业比重

注：按照 Wren（2003）的处理方式，图中各国 D1/D5 与服务业比重取时间序列平均值。

资料来源：同表 8-1、表 8-2、图 8-1。

第四节　中国式现代化与再平衡

福利国家模式的确立，是经济发展和权利体系协同演化的结果，就后者而言：基本权利、政治权利、社会权利分别在 18 世纪、19 世纪和 20 世纪得到确立，并且以三类权利在福利国家模式中得到充分实现作为当今高度现代化的重要标志。可以说，基于权利的福利国家模式分析抓住了城市化和服务化的本质，与自由资本主义注重经济效率的做法比较起来，福利国家模式更加关注效率—福利的平衡，即社会均衡的实现条件。这种理论视角的变化，不仅在发达国家现代化转型的研究中受到重视，不少研究者也将其运用到发展中国家现代化转型的研究中来——典型如新发展观和新发展主义在 20 世纪 80 年代以来的流行。与传统发展主义普遍倾向于工业化和经济效率的视角不同，新发展主义关注与社会权利相关的人的发展以及效率/公平的权衡，这类研究把福利国家模式视为"社会发展型"，并将其作为发展中国家朝向均衡社会演化的模式参照（袁富华等，2021，袁富华，2021a）。自进入 21 世纪以来，中国用了 20 年达成了全面建设小康社会的目标，共同富裕这个更高目标的提出，意味着均衡社会模式的确立。考虑到这种规划是在城市化、服务化、老龄化背景下提出的，由社会权利体系塑造的中国式现代化，因此也具有了前文所述福利国家模式的特征。也正是因为如此，立足于效率—福利再平衡视角分析中国转型问题，也就具有了现实意义。

一、中国式现代化构建的经济社会背景

作为一种发展图景与社会模式，中国式现代化可以由三个基本理念概括：新发展理念、新发展格局和共同富裕，落脚点是以人民为中心的社会均衡发展。就国际比较的共性与中国特殊性而言，主要包括以下两个要点：

（1）在总体趋势的表现方面：自 2012 年以来，中国经济结构性减速的新常态逐步显现，资本和人口红利驱动的高增长结束，转向创新驱动的高质量轨道。图 8-1~图 8-4 显示了中国长期增长过程中的一些共性趋势：与发达国家经历的工业化向后工业化转型的趋势类似，中国经济在经历了工业化高增长之后转向城市化和服务化，同时，作为高增长基础的人口红利消失。但是，中国大规模工业化发生在时间压缩的现代化进程中，第二产业作为就业主阵地的作用相对于发达国家偏弱，第二产业就业比重在经历了最近 30 年的增长后呈现下降趋势，但是峰值没有达到过 30% 以上的水平。

（2）在服务业的表现方面：与城市化发展相一致，中国经济总体上发生了经济服务化趋势，但是，服务业内部结构和发展水平却与发达国家存在较大差距。就最近 20 年的比较来看（见图 8-6、图 8-7）：一是从横向国际比较来看，中国传统服务业增加值比重较大，显著高于欧美国家 20% 左右的水平。二是从纵向历史比较来看，中国传统服务业增加值在比重下降的同时，其就业比重却是上升的，因此，在时间轴向上，中国传统服务业部门的生产率是下降的。三是中国金融和房地产行业也有自己的特殊性，与发达国家相比，中国的金融房地产部门近年来发展过快且增加值比重较大。这里的分析旨在强调中国服务业低端化、泡沫化这个为人们熟知的事实，这种趋势抑制了服务业结构升级，典型如中国高技术服务业增加值比重显著偏低。

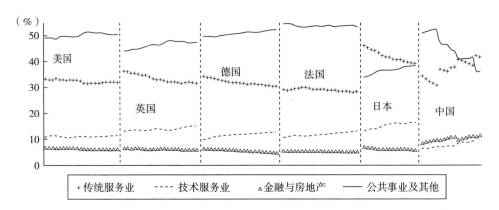

图 8-6   各国服务业内部分行业就业比重①

资料来源：UN Data，《中国统计年鉴》，OECD Structural Analysis Database。

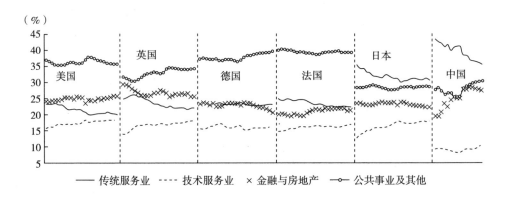

图 8-7   各国服务业内部分行业增加值比重

资料来源：WDI，《中国统计年鉴》。

（3）在社会发展的表现方面：正如前文所言，福特主义历史上第一次创造了属于自己的消费模式，由此产生的国家、市场（企业）、家庭三方联系，导致社会结构质上的变化，而白领替代蓝领成为经济社会主导群体，正是社会发展型资本主义或福利国家的主要标志。20 世纪 80 年代以来发达国家的结构改革，旨

---

①　"传统服务业"包括批发零售、汽车和摩托车修理、运输仓储、住宿餐饮；"技术服务业"包括信息通信、科学和技术活动；"金融与房地产"包括金融和保险活动、房地产活动；"公共事业及其他"包括行政和辅助活动、公共管理和国防及强制性社会保障、教育、医疗及社会工作、艺术文娱、其他等。中国样本期是 2004~2019 年，其余国家样本期是 1995~2018 年。

在消除经济效率提升的障碍而非逆转福利国家模式。受到初始条件的限制，中国过去 40 年的现代化主要围绕经济追赶展开，社会发展的短板主要表现为三个方面：一是人力资本结构中，初等、中等教育程度比重较大，高技能、高等教育程度相对较低；二是进入 21 世纪以来，社会保障体系制度化建设不断完善，公共服务提供能力显著提高，但是社会保障水平偏低、保障制度不健全的问题较为突出；三是中等收入群体作为高质量发展的稳定器的基础较为薄弱。值得期待的是，随着共同富裕目标的提出，社会发展滞后的问题有望得到逐步解决。

二、立足国情探索中国现代化模式

从福利国家理论的视角来看，城市化的可持续发展需要建立在效率—福利动态平衡机制之上，它所呈现的是一种均衡社会图景。对此，普遍共识有两个：一是财政收支、公平和就业的"三难困境"发生在经济服务化的背景之下，而这种困境在福特主义时代并不明显，主要得益于工业化提供的效率、税收和充分就业基础。二是按照雷恩的说法（Wren，2003），服务业的发展更易造成收入分配不公平。这是由该部门行业结构的特殊性决定的，在知识经济时代，与知识信息有关的高端服务业吸收就业的能力毕竟有限，大部分就业被中低端服务业吸收，这在发达国家是一种普遍现象，且在中国表现得更加明显。结合中国现代化模式建立的必要性，扼要提示以下三个问题：

（1）现代化模式的总体发展趋势是多样性和分化的。前文已经述及相关事实，此处结合中国转型给出一些补充说明。问题的关键在于，正是各国不同的劳资谈判制度与福特主义的结合，形成了多种福利国家模式：也就是说，现代化模式的分化基于具体国情。这也是福利国家理论特别关注制度结构差异的原因所在，尽管各国在效率水平和福利水平上可能存在收敛现象。由此，我们就可以理解"中国式"的意义所在，就像英美国家遵从自己的自由主义传统、欧洲大陆国家遵从自己的社团主义传统那样，中国的现代化也需要依据自己的政治文化传统构建自己的模式。

（2）基于条件变化更新理论视角。中国改革开放适逢发达国家从福特主义向后福特主义转型，去管制化的新自由主义浪潮，推动了中低端产业向发展中国家转移，要素比较优势是这波全球化的核心特征。这个时期的中国工业化带有显著的传统发展主义特征，典型如以生产供给为中心推动经济发展，由之，效率和规模在较短时期内获得了提升。但是，随着城市化进程的加速，一些更加综合性的问题也呈现出来，典型如怎样培育内生动力？如何理解经济服务化趋势？如何理解广泛存在的失衡问题等。中国的城市化涉及经济、社会、国家治理更加复杂的协调，也正是因为城市化的特殊性，需要立足效率—福利动态平衡的视角看待问题。党的十九大报告和"十四五"规划关于社会主要矛盾发生变化的论述以及新发展理念和新发展格局的确立，可视为理论认识的巨大转变。

（3）经济增长本身不是目的，而是推动社会发展的手段。根据发达国家的经验，社会进步或社会结构的合理性是根本的，主要表现为白领取代蓝领成为新中产群体，并主导了"二战"后现代化的升级和演进。在主观上，福特主义对利润分享和公共服务的支持，是为了推动资本积累、维持生产扩张，但是，福利国家模式却在客观上促进了知识中产群体的崛起，社会结构因此发生了本质的变化，并为20世纪80年代以来的知识经济奠定了基础。这种实践体现的一个规律是，经济发展服务于社会发展构成了城市化的内在要求。比较之下，在向共同富裕和高质量发展这个更高目标迈进过程中，效率—福利均衡取向的中国现代化模式的构建、社会结构与经济结构的一体化协同，也符合以人民为中心的本意。

三、新发展理念、新发展格局与共同富裕

就中国式现代化的社会图景来说，新发展理念确立了新时代发展纲领，新发展格局提供了均衡社会实现路径，共同富裕指明了未来图景。针对经济服务化过程中可能发生的"增长悖论"与财政、公平、就业的"三难困境"，经济社会政治层面的主要应对策略简述有以下三个方面：

（一）推动产业协调发展，巩固创新与效率的基础

（1）中国服务业自身的弱质性，决定了实体经济的基础重要性。现阶段中国服务业存在的问题，前文已经重点提及，主要是传统服务业效率较低、金融房地产占比较高、科教文卫等高端服务业发展不足。服务业的特征是知识经济，其质量直接取决于人力资本状况（袁富华，2021b）。但是，鉴于中国人口规模庞大和社会发展滞后的现状，服务业升级需要一个过渡期。至少就未来一二十年来说，服务化还不足以支撑起城市化的效率—福利动态平衡要求，面对这种约束，扭转"脱实向虚"以获得稳固的效率和发展基础，就成为势在必行的任务了。

（2）这就引出了避免过早去工业化的问题，产业协调发展仍然是中国式现代化重中之重。发达国家的服务化，是在经历了漫长工业化之后的一种发展升级，即使如此，他们也不得不面对服务化趋势下的失业、不平等问题，何况中国

在中等收入水平上就发生脱实向虚问题。就产业协调而言，取向是：整顿金融秩序，消除经济泡沫，为制造业发展提供宽松环境；在促进服务业态多样的同时，推动信息化与工业化融合，巩固创新和产业协同升级的基础；重视民营企业发展的制度化建设，特别是财税体制、金融体制和营商环境对民营企业的支持，培育创新生态。

（3）农业部门的脆弱性和重要性在城市化时期往往同时呈现出来，脆弱性源于城市化无序扩张对农业的侵蚀，重要性源于中国是人口大国，好在国家对这些问题已有充分认识，对"三农"支持的制度化、系统化、连续性仍是未来政策着力点。

（二）推动经济社会协调发展，打造共同富裕的坚实基础

在国家、市场（企业）、家庭福利组合方面，偏向于效率的传统发展主义，通常是简单地将家庭视为劳动力供给的一侧，并将其看作资本积累的手段，即使注意到了国家在经济社会均衡发展中的重要功能，但大多侧重于国家之于资本积累的作用，这是由工业化追赶的客观要求决定的，有其特定历史阶段的合理性。福利国家模式相反，焦点在于人的发展与社会进步，以社会保障制度化维护社会权利是其重心。对于中国转型而言，面临着重新审视国家、市场（企业）、家庭三方关系的问题，原因在于人口红利耗尽之后，老龄化的负反馈影响将逐步显现出来，家庭发展在理论和实践的地位变得重要。立足于养育、教育、婚姻、养老这个生命历程设立社会政策，以形成人力资本积累的正反馈，应该成为中国现代化模式确立的基点，公共服务和社会保障体系建设中所蕴含的"生产性"、效率与公平的统一性，就是源于这种认识。主要体现在以下两个方面：

（1）正反馈是内循环的有力支撑。从联系和过程角度来看，社会政策的正反馈是这样的：通过公共支出提高教育、医疗等广义人力资本，扩大知识中产群体；中产群体一方面是企业家精神的土壤和人力资本要素的提供者，有助于推动生产结构升级，另一方面是高质量产品的需求者，有助于推动消费结构升级。由此，国家、市场（企业）、家庭的联系得到增强，良性循环得以建立。

（2）共同富裕是一项综合社会工程，需要有序推进。共同富裕规划了一种良好社会结构，在扶持弱势群体的基础上，实现中产群体扩大再生产。但是，作为一种效率—福利动态平衡的理念，共同富裕的实现需要建立在有序规划上。现阶段，中国已经完成了全面小康的第一步，接下来的措施是：通过财政、金融、教育、就业等配套政策，巩固脱贫攻坚成果；通过社会保障和公共服务体系的完

善，提升中产群体比重；通过再分配制度设计，促进社会公平、激发社会活力。

（三）加强法治国家建设，提升国家治理效能

中国式现代化的建设需要中国特色法治体系作为制度保障，这是由新时代的条件和要求决定的。

第一，市场秩序的规范方面。让市场发挥基础性作用，不是自由放任，而是在规范约束下的合法竞争。现阶段的市场失序，主要表现为金融化对城市化进程产生了一些不可忽视的负面冲击，典型如房地产、平台经济中的资本无序扩张，从而加剧了脱实向虚的被动局面，为此，需要加快推进反垄断法、反不正当竞争法的修订与完善，让市场回归有序。同时，应该加强重点领域、新兴领域法规供给，满足国家治理和创新激励的需要。

第二，参与和共享的规范方面。国家、市场（企业）、家庭福利组合在当代的重要作用，是将参与和分享的公共政治领域呈现出来，各种层次、各种议题借着这个平台进行公开讨论、协商、谈判。相应地，全过程民主作为一种鼓励参与的规范模式，目的在于回应社会各方权责诉求，达成现代化方案的广泛共识。

第三，政府决策程序的科学化、合理化。这是就国家与市场、家庭的关系而言的，作为提供规范、提供社会保障、提供公共品的社会子系统，政府自身的决策应该得到其他社会子系统的认同，特别是在社会分化和社会联系日益增加的福利国家模式下，政府行为的规范构成了良好社会秩序的基石。

第五节　结论

福特主义创造了属于自己的劳动组织和社会关系，作为这种过程和联系的制度化，福利国家模式的确立赋予资本主义现代化更加完备的形式——均衡社会。与自由资本主义模式的国家、社会二分状态不同，福利国家模式下的国家、市场（企业）、家庭以社会权利为纽带形成了互为前提的共同体，并因各国历史、文化差异呈现出社会图景的多样性。但是，由于受到石油危机冲击和自身蕴含的"增长悖论"的制约，发达国家在 20 世纪 80 年代进入后福特主义时代，在这个历史时期中，以弹性安全为原则的积极福利国家模式的探索，试图找到一种适应高度城市化、服务化和老龄化的再平衡机制。总体来看，福利国家作为一种不可

逆转的趋势，从根本上更新了现代化的实践和理论认识，并且为新兴工业化国家提供了均衡发展的经验教训。中国 40 多年的快速工业化，为更加均衡的现代化发展奠定了物质基础，新发展理念、新发展格局和共同富裕目标的提出，总体上勾勒出中国式现代化的未来图景。就社会进步这个现代化本质要求而言，对弱势群体的扶持、对中产群体的培育、对社会团结的维持，无疑构成了中国现代化模式的稳固基础。

参考文献

［1］ Galbraith J. K. The Affluent Society ［M］. Houghton Mifflin Company，1971.

［2］［美］约翰·肯尼斯·加尔布雷斯. 新工业国 ［M］. 嵇飞，译. 上海：上海人民出版社，2012.

［3］ Bresser−Pereira L. C. The Two Forms of Capitalism：Developmentalism and Economic Liberalism ［J］. Brazilian Journal of Political Economy，2017，37（4）.

［4］［英］卡尔·波兰尼. 巨变：当代政治与经济的起源 ［M］. 黄树民，译. 北京：社会科学文献出版社，2017.

［5］ Esping − Andersen Gøsta. The Three Worlds of Welfare Capitalism ［M］. Princeton：Princeton University Press，1990.

［6］ Aglietta M. A Theory of Capitalist Regulation：The US Experience ［M］. London and New York：Verso，2015.

［7］［德］哈贝马斯. 在事实与规范之间 ［M］. 童世骏，译. 北京：生活·读书·新知三联书店，2014.

［8］ R. Boyer. French Statism at the Crossraods，in Colin Crouch and Wolfgang Streeck，eds ［M］. Political Economy of Modern Capitalism：Mapping Convergence and Diversity，Sage Publications Ltd，1997.

［9］ Rose Richard. Common Goals but Different Roles：The State's Contribution to the Welfare Mix ［M］//in Richard Rose and Rei Shiratori，eds ［M］. The Welfare State East and West，New York/Oxford：Oxford University Press，1986.

［10］ Evers A. and J. Laville. Defining The Third Sector in Europe ［M］//A. Evers and J. Laville. The Third Sector in Europe，Edward Elgar，2004.

［11］ Mitchell B. R.，International Historical Statistics（6th ed）：1750−2005 ［M］. New York：Palgrave Macmillan，2007.

［12］左大培，裴小革．世界市场经济概论［M］．北京：中国社会科学出版社，2009.

［13］N. Morel, B. Palier and J. Palme. What Future for Social Investment?［M］. Institute for Futures Studies Research Report, 2009.

［14］Rodrik D. Why Do More Open Economies Have Bigger Governments?［M］. Journal of Political Economy, 1998, 105 (6).

［15］袁富华．集聚的现代性与均衡社会的准则［J］．经济思想史学刊，2021a (4).

［16］T. M. Andersen, etal, The Nordic Model［M］. Helsinki: Taloustieto Oy, 2007.

［17］G. Chaloupek. Wagner's Law, Money and the Theory of Financial Crisis［M］//J. Backhaus, G. Chaloupek and H. A. Frambach. Gustav von Schmoller and Adolph Wagner, Springer, 2018.

［18］Baumol W. J. Macroeconomics of Unbalanced Growth: The Anatomy of Urban Crisis［J］. American Economic Review, 1967, 57 (3).

［19］Iversen T., A. Wren, Equality, Employment, and Budgetary Restraint: The Trilemma of the Service Economy［J］. World Politics, 1998, 50 (4).

［20］Wren A. The Challenge of De-industrialisation［M］//Ebbinghaus B. and Manow P. Comparing Welfare Capitalism, London & New York: Routledg, 2003.

［21］袁富华，李兆辰．嵌入、调节与治理：历史时间与现代化路径［J］．经济与管理评论，2021 (2).

［22］袁富华．服务业结构升级、效率补偿效应与高质量城市化［J］．人民论坛·学术前沿，2021b (3).